U0040982

MOVE LIKE WATER

行如海潮

海洋與我們的故事

A Story of the Sea and Its Creatures

作者/漢娜・史托 Hannah Stowe

譯者/柯清心

致Jackie Morris、Nicola Davies和Jessica Woollard

我的三位恩寵、憤怒和女巫

目錄

第一章　火烏鴉

我從小就認識海。當我還躺在母親腳邊的搖籃時，鹹鹹的海風便日復一日地吹拂著我們家。海風與母親花園工作室周圍盤繞的忍冬交織在一起，送出甜美的香氣與斑駁的光點，陪伴母親用顏料在紙上呈現出一幅幅溫柔的世界。父親在我出生時種下一些堅實的橡樹幼苗，這些被風吹彎的橡樹構成了我的世界。潮汐嘩嘩地沖刷著沙地和岩石，自帶韻律和節奏。最初，那只是一首搖籃曲而已。

童年的我與天氣息息相連，夜裡，我窩在屋簷下的閣樓床上，挨在被火烘暖的煙囪旁，聽暴風雨搖響屋頂上的瓦片，身邊是一隻打著呼嚕的橘貓。我清醒地躺著觀賞光束，那是斯特布爾海角燈塔（Strumble Head Lighthouse）掃過夜空的光束，是我深夜裡的同伴。到了早晨，我會刮落窗上的鹽花，用手指拂過滑滑的灰白鹹水，快速用舌頭舔一下。

那棟濱海小屋就像一座港口，一個總是能帶給我安全感的地方。小屋各方面都已經很破舊了——灰泥牆面崩裂，漆色斑駁，壁紙脫落，家具上盡是貓爪的痕跡，地毯被狗啃得坑坑疤疤。花園雖然堪用，但雜草叢生，我母親從小就對修剪整齊的草坪有意見。我們有香草園和蔬菜區，但不是總有人照顧。樹籬裡長了荊棘和亞歷山大草，你得小心避開蕁麻。一棵高大的梣樹像守護者似地矗立在小徑盡頭，綠葉蔥蘢。我常在夜裡站到這棵樹下，和母親一起仰望夜空，尋找獵戶星座，看那偉大的獵人持著劍、弓和腰帶。我們選擇獵戶座並沒有特殊原因，只因為那些星星率先吸引我的注意力罷了。我抬眼望著它們，為燦爛的星光迷醉不已。一條通向門口的蜿蜒水泥路上，滿是用粉筆畫的跳房子、叉叉和圈圈。螞蟻會辛勤而目標一致地穿越小徑，返回牠們在玫瑰花叢對面的巢裡。有一次，爺爺來看我們，他是個自相矛盾的人——他在所住的科茨沃山區（Cotswold hills）散步時，是個自然主義者。爺爺會為每隻飛過的鳥兒，為每棵樹命名，從葉子到樹皮都有說法，彷彿它們就是家人。可是到了自己的花園，卻對自然規律的混亂視若仇敵——他曾揚言要把殺蟲劑倒進螞蟻窩裡。爺爺離開那天，我伸出一隻小小的手，到廚房架子上取下一袋糖，叛逆地倒出一頓盛宴，看白花花的糖粒在陽光下閃閃發光。

雞群在院子裡啄食，甜豆爬上了支架，犬薔薇朵朵盛開。一個橘色的捕蝦籠浮標掛在橡木前門上，窗框被海鹽侵蝕到發爛，窗玻璃格格作響。屋頂上的風向標歪斜著，向「北」的指標偏往東北，而非正北。屋裡堆積如山的書，形成了一座布滿塵埃的迷宮；碗盤通常處於各種未完成的清洗階段；我的橘貓睡在壁爐上方的架子，看起來很像杜勒（Dürer，譯注：德國中世紀末期、文藝復興時期著名畫家）畫裡的野兔。若想在沙發上頭找個位置，常得先跟一隻柯利牧羊犬或勒車獵犬推擠一番。屋裡唯一的熱源，是壁爐中全年無休的燃火。羊皮地毯鋪在壁爐前的冰冷石板地上，我坐在上面，手拿著筆、畫筆、紙張，將濃烈的心情轉化成圖畫和文字；甚至當時，我已發現透過書寫和繪畫，比大聲表達自己容易許多。

我心中有一股洪流，有時筆直順暢地奔流著，表面寧靜，底下湍急。但有時命運之風會逆流而吹，波流瞬間大起大落，攪得我憤怒不已，無法自抑。而有的時候，有的時候啊，水會流往更深邃的地方，一個讓我能看見穿透水表的光線，卻覺得自己被迫默默待在幽暗之中的地方。這曾經是，現在也還是我的本性。歲月使我四肢抽長，肌肉結實，而與此同時，海水之歌也越來越響亮。夜晚，當燈塔的光束悠悠旋轉，在陸地和海洋之間繞行時，我開始好奇，光線究竟能延伸多遠，黑暗裡到底有什麼。我開始爬樹，每次越爬越高，直到分枝變少變軟，被我的體重壓到彎垂。但我仍再往上爬，去拓展我的花園、我的牧場的邊界；我攀到空中，搖擺如船上的桅杆，直至再也沒有樹冠可以攻占為止。我從樹梢望過小屋的屋頂，直直看向大海。不久之後，我開始從閣樓的窗口爬到屋頂瓦片上，那裡的視野更棒。等把屋子裡裡外外每個角落都探索過後，我開始往屋外發展，冒險穿過圍住小屋，那些開滿黑刺李花的樹籬。

風箏紅，
天空藍，
荊豆黃。

這些是我風景畫裡的基本色。

通往大海的路有兩條。一條沿著牧場邊緣，毛茸茸的綿羊將路面踩踏啃食得頗為平坦，鐵絲網的鉤刺上還飄著牠們的毛絮。另一條是圍繞石牆的小巷，小巷較為雜亂，長著濃密的蕨類和臍景天，濃密的深綠色襯著灰底，漸次轉化成山楂，山楂小小的紅燈籠將慢慢成熟，為整個冬季的地貌燃起點點希望。穿過小巷頂端的大門後，景色豁然而開，荊豆和荊棘伺機鉤刺皮膚。野馬四處漫遊，活力四射地撒開腿相互追逐。猛禽在頭上盤旋，西南風勁揚，整片愛爾蘭海展現在眼前，浩瀚遼闊，波光粼粼，亮暗交替，激盪而又平靜。從此處可以繼續往下走，直至小路變成狐狸或獾的獸徑，小徑蜿蜒地穿經歐洲蕨，在接近懸崖邊時成了岩石，你可以攀下石頭到海邊。少年時的我會站在山丘頂上，閉起眼睛立穩腳跟，將大地的氣息、古老的岩石和狂亂的波濤，一應吸入，直至胸口發疼，飽脹到幾乎炸裂。接著我會高呼一聲，睜開眼睛拔腿向崖頂奔去，一步快過一步。我總覺得，只要有足夠的勇氣，自己好像就能飛越那道劃分物質、細薄卻堅實的門檻，陸地變成了水上的空氣，我將揮動翅膀，與暴雪鸌（fulmar）一起翱翔。然而每次大地的引力都會阻止我，將我牢實地留在地上。那條小徑似乎代表了那些年，偶爾占據我的狂野內心。然而當我開始探索時，我卻選擇了更簡易而安全的路線。

那條路領著我越過踏階，走過金黃色的草莖，草都已經割下來捆成乾草包了。田野變成了一條路徑，小路又成了一道整齊的台階。有座橫跨溪流的石橋，清新的溪水注入遼闊的鹹水中。我慢慢認識了這邊海岸的各種狀態，但一再到訪的是聖大衛岬角（St David's Head）的長長半島，這半島向西延伸，四周是湍急的潮汐，而地平線上的岩群與小島，就是所謂的「主教與職員」（Bishops and Clerks）：北主教如沉睡的巨人般躺臥在海洋中，南主教上有座燈塔和附設的守塔人小屋。拉姆齊島（Ramsey Island）較近，就在西南邊外幾英里處。天氣晴朗時，可以一路望見遠處的史莫斯燈塔（Smalls Lighthouse），像地平線上的一根小針。

沙脊上有輕輕刷過的格痕，陽光燦爛，波光瀲灩，天氣涼爽宜人。我在沙灘上絆了一跤，雙腿因一早在海邊探險而疲軟，我收拾踉蹌的步履，衝向潮汐線。我的腳趾先觸到水，碎浪在我面前飛濺，彷若空中的寶石。水寒刺骨，但我還不想停步，水淹過我的膝蓋，積到腰部，我慢慢往深處移動，直到海水將我一捲，托起我的體重。水面像發亮的皮膚，我差點相信自己能將它掀開，可是想當然爾，我的手直接穿過水面了，一秒前尚在空中，接著便落入水裡。陽光烘暖我的雙肩，但我漸漸打起了寒顫。我深吸一口氣，一頭鑽入湧浪裡，興奮地感受到一股激流。我在水下睜開眼睛，世界變得模糊柔和，呈現著若隱若現的藍。我的眼睛被鹽水刺痛，光束穿透水流，搖曳的金色海草纏住了我的頭髮，那是海洋裡的大地色。我當時還小，沒有多想——但我就是知道，我瞭解海。後來我發現自己會在海中找到寧靜與和諧，但小時候，海洋就如呼吸般地自然而不可或缺。我在學會走路之前已經學會了游泳，我在社區的游泳池和海裡踢蛙腿、游狗爬式；所有沿海社區的孩子都學會了，我們被大海三面環繞，大家學會了瞭解激流，學會在強大的水流下該做什麼。我們學習潮汐的循環，附帶學會了看手錶。被漲潮截堵的後果，比看不懂四點一刻是什麼時候要嚴重多了。我一直到17歲，才遇到一個不會游泳的同齡人。

春天在沿岸的小徑上撒滿藍鈴花，海石竹和海蔥精力旺盛地鑽出地面，怒放花朵。隨著白日拉長，日光延至夜晚，哥哥和我會爬到懸崖的岩岸邊，用釣繩釣鯖魚；冬寒逐漸退去後，鯖魚便會游到我們岸邊。我們把魚鉤往空中一擲，落入水中，陸地和海洋之間的界線似乎便消失了。我們會去採酸模和海蘆筍——又甜、又鹹、又滑、又鮮——然後用錫箔紙包住奶油、檸檬和釣來的魚，在火上烤著。在春天游泳簡直寒冷刺骨，因為太陽還不夠烈，送不出暖意。

我常常和母親一起沿潮汐線散步，我們身上披著層層羊毛，卻冷得直打哆嗦，我用溫暖的靴子套住凍寒的腳趾。我們在找海玻璃（譯注：一種自然風化的玻璃，通常看起來像一塊滾石）、竹蟶和「美人魚的錢包」——那是軟骨魚類的卵鞘。有一次我找到了一塊哈格石（hag stone），石頭中心有個完美的圓形穿孔。媽媽說，如果我從穿孔看出去，就能看到世界的真相。那片岩岸是一座寶庫，海水的毯子退去後，便露出一汪汪的潮池（tide pools）。我把耳朵貼近岩石，聆聽藤壺閉殼時發出的嘶聲，牠們將一小片海水封進了殼裡，這樣才不會在等待潮水返回時，被太陽曬乾。這些潮池本身到處長著寶石般的海葵，這些閃閃發光的紅色海葵飽滿得隨時要爆裂似的，或在水中擺動牠們的觸鬚。我會伸出一根手指，感覺海葵試圖將手指拉進嘴裡時的細微扯動，牠同時會將刺細胞射入我的皮膚裡——這小小的海怪，企圖將我整個吞噬——可惜未能如願，因為本人的手指太過粗壯，皮膚太厚，海葵抓不住我。我找到一片狀如星空的潮池群，它們的星座是由棘皮動物、麵包海星構成的。其他潮池中，顏色如沙的小鰕魚會在我探身往下望時，快速竄過我的影子，我若靜靜坐得夠久，便能看到牠們膽子漸漸變大。密密麻麻的馬蹄螺，攀附的帽貝，四處爬動的濱蟹，每個潮池都是自成一格的小世界，是一種倒反的島嶼，是地上的水島，而非水上的陸島，而歸來的潮水，會再次使它們一氣相連。

初夏的早晨越發地明亮了，太陽趕走燈塔的光束，在凌晨時分穿射我鹹澀的窗玻璃。每天早上我會騎著自行車到海灘，在沿途的農夫商店買些糕點，游完泳後在陽光下享用。海水還是很涼，但我涉入水中時，已經不會再冷到倒抽一口氣了。

經過冬季的休養生息後，季節性的浮游生物會開始大量出現，牠們是水裡的漂泊者，在水中開出一片片雲朵，就像我們屋中揮之不去的灰塵一樣。隨之而來的是以浮游生物為食的水母，有海月水母（*Aurelia aurita*），透明的鐘狀體上有四個粉紅色的環圈，螫到了並無大礙。但若是獅鬃水母（*Cyanea capillata*）就得小心了，牠們的鐘狀體呈暗橙色，底部組織會在水中膨脹，長長的白色觸鬚可伸展數公尺，比寒冷的北極水域中的藍鯨還要長，被螫到會產生灼痛感，而且還曾在我的皮膚留下細長的疤痕。然後還有長得像醋栗的粉紅色櫛水母（comb jellies），牠們揮動纖毛，發出幻彩般的磷光——藍色、紅色、綠色、黃色。蜘蛛蟹湧入洞穴裡和遮蔽處，好脫去硬殼，藉此生長，這也是牠們最脆弱的時刻。我會在牠們的水域中浮潛，看底下一大片搖曳交纏的肢體。那些被丟棄的外殼由幾丁質、碳酸鈣和蛋白質組成；因為脫殼的關係，使牠們的數量看起來翻了一倍，但若仔細去看，便能分辨出哪些多刺的橙殼裡住著螃蟹，哪些靜止不動的殼，洩漏了裡頭的空無。

不久之後，海鳥也開始回到我們的海岸了，普通鸌（Manx shearwater）是最優雅的飛行者，牠們從南美往北，長途滑翔，沿著東海岸順墨西哥灣流，在斯科默（Skomer）、拉姆齊和斯科克姆（Skokholm）島上的洞穴裡築巢。海鸚鵡

（puffin）也在斯科默和北主教島建立了地下庇護所，而成千上萬的塘鵝（gannet）則以牠們的飛翼，將格拉斯霍姆（Grassholm）島塗成了白色，這片嘎嘎叫響的鳥群，使空氣中彌漫著海鳥糞便的氨味。海鳩（guillemot）和刀嘴海雀（razorbill）體型較小，振翅有力，牠們找到最危險的棲地，棲息在懸崖邊的狹窄壁架上，壁架窄到體型稍大的黑背鷗就無法著陸。三趾鷗（kittiwake）在洞口周圍築巢。暴雪鸌是不折不扣的海鳥，牠們的翅膀堅實，能輕鬆地在海洋上滑翔，牠們選擇在無遮蔽的崖面上築巢。這是牠們唯一上岸的時候，暴雪鸌利用海風撞擊懸崖所產生的上升氣流來著陸，一旦牠們的雛鳥離巢，成鳥便再次振翅飛起。

海豹也成百上千地抵達了，牠們食物充足，準備在島上的海灘和陸上偏僻的海灣中產崽。這些海豹雖被稱為大西洋灰海豹（Atlantic grey），但牠們濃密、斑駁的防水毛皮，顏色從亮銀、土褐，到深黑等不一而足。真海豚（common dolphin）的背部劃破聖布里德灣（St Brides Bay）水面，牠們的腹側有沙漏狀的斑紋，看起來活潑而無憂無慮，牠們也會在這裡產崽。有時運氣好的話，我們會看到出生幾天的小海豚，牠們還很小，皮膚上仍帶著擠在母體子宮時的胎褶。偶爾，你會看到里氏海豚（Risso's dolphin，譯注：台灣漁民亦稱其為和尚鰭）的大鰭，刻在牠們灰色皮膚上的白色疤痕，述說了牠們反遭作為食物的大洋烏賊用喙攻擊的經歷。我們會看到古老形態的翻車魚（Mola mola），牠圓盤似的身體側面呈扁平狀；翻車魚搧著魚鰭，狀似在跟賜予牠名稱的天空招手：因為牠的英文名字叫「太陽魚」，義大利名是「月亮魚」。有一次，我在聖大衛岬角的沿海小徑上，看到一隻姥鯊（basking shark），牠張大口，嘴中有脊狀的軟骨。港灣鼠海豚（Harbour porpoise）會噴著氣浮出水面，在流動的潮汐中覓食。

夏天的富饒繁茂處處可見，深具感染力。靜謐的沿海村落已擺脫了春天的慵懶，物種數量翻了兩番、三番、四番。各家小屋花園裡紛紛生起火來烤肉；一整個冬天，屋裡的爐台連火都沒生。空中傳來各種不同的聲音，不再那麼地抑揚頓挫，短音到長音都有。車子都變得更光亮了，不再被鹹鹹的海風蝕得鏽色斑斑，商店裡排起了長龍。整個冬季海灘，一直是我安靜的王國，此時擠滿了人潮；旅行車停車場變成了車水馬龍的城市，郊區則布滿了五彩繽紛的帳篷。原本輕鬆無憂的夏日，總會因「我們和他們」之間的對立感，而伴隨著一絲緊張。小時的我並未覺察到這一點，也許是因為我和我哥是家族裡第一個在此地出生的孩子，我們爸媽是英格蘭人，在彭布羅克郡（Pembrokeshire）尚未世代扎根。我仍然覺得我已將這片土地、這片水域，融入自己的骨頭中了，這塊土地賜予我根基，但這並不僅僅屬於我，它不是我可以獨占和壟斷的。我喜歡分享這片海景，喜歡看到其他人沉浸其中的喜悅，這曾是我的日常。我一直到很大之後才意識到，自己在這裡長大是何等的福氣。我爸媽做的是自己攬活的自營業，因此我不理解季節性生意的壓力；秋天一來，繁忙的生意就變淡了。我們有自己的小屋，所以我完全不懂，找到全年租屋的難度有多高，因為作為度假屋出租，利潤更高。但對在這裡長大的人來說，就很難受了，他們只能看著空屋或別人第二寓所的窗戶而哀嘆——那價格實在是本地薪水高攀不起的。後來，我能更深刻地理解到這種挫敗感，可是在我小時候，我所看到的、喜愛的，是四周增加的些許色彩，有時則是不同的語言、不同的面孔。

如果我想逃離人群，我可以在黎明晨泳時獨處，或前往那些隱密卻易於辨識的海灘。我最喜歡的海灘之一，地圖上的標示是Aber Llong，但我們都叫它拖船灘（Tug Beach）。通往沙灘的小路十分隱蔽，得經過懸崖，不知道的人根本搞不清楚那裡有路。走下一道爬起來保證令你腿酸的陡坡後，便會來到一大片黑褐的斜石，拍在石上的海水掀起陣陣細浪。這邊的石頭相當碩大，我們在巨石上攀上爬下，在縫隙間穿梭，那是我們自己的隧道世界。被陽光曬熱的岩石會灼痛腳底，但游完泳後，你可以舒服地躺在上頭曬太陽，在皮膚上烘出鹽巴的結晶。我出生的前十年，有三艘從利物浦出發的拖船在此擱淺沉沒，最後被沖上這片美麗崎嶇的海岸。殘骸所剩不多，其實僅剩一些引擎缸體，經年地受海水鏽蝕，提醒人們彭布羅克郡海岸的殘酷，這裡有許多類似的沉船。對我來說，它們是由汽缸和活塞組成的垂死巨獸，它們生前運作的方式是個謎團。有個朋友記得自己被父親叫到海邊，打撈沖上岸的罐頭，罐頭上的標籤已經被海水沖掉了，她有好幾週的晚餐像在吃抽抽樂——燉菜或桃子，豌豆或蛋奶凍。

當樹籬中的黑莓開始抽芽成熟時，你會感覺夏意從空氣中逐漸消逝，黑暗侵入白晝的末尾。帳篷紛紛打包收起，人群稀落，有些屋子關上了大門，俟來年再開。人群只是在此暫住而已，此地有許多工作都是臨時性的，冬季時工作稀缺，工時短且薪資差。皮膚銅黑的衝浪教練會遷往南半球，尋找永無止境的夏季和持續不斷的湧浪，崖邊的攀岩者則轉往覆雪的山巔，酒吧和餐廳的員工則回到他們的大學城或轉往歐洲大陸。

大多數海鳥已經離開了。夏日每天傍晚，黑背白腹的普通鸌便會齊集出現，牠們在海上飛了一天後，優雅地滑過水面，返回巢中餵食飢餓的雛鳥。然而到了八月底，這種每天出現的壯觀海鳥景象便會戛然而止。牠們的雛鳥或因大膽或因飢餓，將首度出洞迎向天光，然後憑藉某種未知的遺傳特性，乘著風飛往南美洲過冬。我們看到海鳩的雛鳥也開始搖搖晃晃地離巢。牠們的主要飛行肌肉，喙上肌和胸大肌，尚未發育完全，牠們的翅膀太小，仍無法在空中飛翔，所以牠們在飛行前會先長好羽翼，從岩架上一躍而下，首度降落在水面上，然後從落水處游開，漂在海面上，由牠們的父親餵食。雄海鳩潛入水中捕捉沙鰻（sand eels）和小海魚，直到雛鳥能自行潛捕。刀嘴海雀和海鸚鵡也會進入海中，牠們一旦脫去繁殖期的羽毛，豔色的嘴巴變得黯淡後，便很難區分牠們了。塘鵝的幼鳥長著黑羽，跟成鳥的白羽十分不同；幼鳥太胖，無法飛行，牠們會先在水中游泳，遷離繁殖地，先學會游泳才學會飛行。三趾鷗的幼鳥則是在該離開岸邊巢穴時，發現牠們的巢穴被父母給粗暴地拆掉了。

從夏末以降至秋季，海豹開始牠們的生產期，懷孕的母海豹爬上海灘，來到高潮線的上方。我們小心而安靜地坐在懸崖頂上，拿望遠鏡觀察好幾個小時，看小海豹扭動著滑入這個世界，牠們白色的皮毛被羊水染成黃色。這些出生在陸地上的小海豹得好幾個星期後，才能安全地進入海裡。當牠們緊緊依附著媽媽吸奶時，大膽的海鷗便會湊上去啄食胎盤，汲取營養。母海豹們在分娩、哺乳時，會有一頭公海豹出來巡邏，占據一片海灣、一個洞穴或一段海灘，當成自己的地盤，在這數週之內，不容許其他公海豹靠近，牠甚至可以不吃不喝地守護自己的領地。公海豹的戰利品則是當母海豹再次回到水中時，與牠們交配的權利。

對於母海豹來說，分娩、斷奶和餵養是一件非常考驗體力的事。牠們生產後，幾乎片刻不離地守在幼崽身邊好幾個星期。母海豹大約會斷食16天，體況急驟衰落，而幼崽則被富含60%脂肪的奶水灌到醉奶。萬一母海豹難得地產下雙胞胎，很有可能捨棄餵養其中一隻，而不是讓兩隻幼崽因奶水的供應減少，而慢慢餓死。公海豹除了保護母海豹的哺育區外，完全不會插手餵養的事；牠唯一的目標就是使母海豹再度受孕，這種互動方式，會造成胚胎滯育（embryonic diapause，即延遲受精卵植入子宮的時間），使母海豹在產後有時間復原，重建體力，準備下一次受孕，並確保下一批幼崽會在一年中最有利的時間出生。胚胎滯育期通常為三個月，妊娠期為九個月，因此如果一切順利，母海豹來年將爬上同一片海灘，分娩、禁食、餵養幼崽、交配。

這是一個沒有休止的循環，母海豹會經歷產後發情，一種產後能立即懷孕的能力。為何要毫不休息地經歷這種極端的身體壓力？結果我發現，產後發情之所以必要，主要與這些海洋哺乳動物的活動方式有關。灰海豹雖然遷移得沒那麼多，但在冬季時，牠們廣布於英國海岸和大西洋區，覓食決定了牠們的活動模式。哪裡有魚，牠們就去哪兒。夏季時，海豹群緊聚在一起產子，這對繁殖極為有利。母海豹會尋覓有競爭力的配偶，找到一頭能鬥得贏，並成功保衛後宮佳麗們的公海豹；而公海豹則盡可能與最多具有繁殖力的雌性交配。之後雄性與雌性的成年海豹便分道揚鑣，而剛斷奶的幼崽則換上銀色的毛皮，獨自面對秋日的波濤，學習如何覓食。光景好的時候，整個九月都能風調雨順，並遲至十月。光景差的話，暴風雨早早來襲，幼崽的死亡率會飆高。我們的海岸線並無大量的獵食者，因此海豹的命運取決於海洋本身。

大自然的和諧隱藏在不和諧的外表之下。海鷗會試圖將海雀（auk）從牠們岩架上的巢穴裡拽下來，或淹死牠們；海鷗把海雀壓到水下，直至牠們力盡身亡。渡鴉是聰明的竊賊，牠們從岩架上的巢穴偷走鳥蛋，用嘴銜著飛走——海鳩蛋的蛋殼是鮮豔的綠松色，刀嘴海雀棕色的蛋上帶著奶油色的斑點。渡鴉偷走的蛋多過牠們能吃掉的，有些蛋會被埋起來，等冬季再挖出來吃。大部分海雀在繁殖季裡只會產下一顆蛋，因此蛋要是沒了，牠們就失去傳遞自己基因的機會，無法在那一年養育小鳥了。遊隼（Peregrine）和歐亞鵟（buzzard）會在飛行時攫取較小的鳥類，牠們急劇俯衝而下，用尖利的爪子奪取獵物。我曾看過一隻遊隼坐在一窩三趾鷗的雛鳥中，這隻有著鐮刀狀翅膀的猛禽，像把刀子似地混在毛茸茸的小海鷗裡。不過暴雪鸌的雛鳥是這種早夭模式的例外，暴雪鸌的蛋在50天左右孵化後，你會常看到一隻毛茸茸的雛鳥獨自坐在巢裡，而鳥爸媽則整天在海上捕食。小鳥倖存下來的祕訣是，若有人靠近威脅牠們，暴雪鸌寶寶便會有一種很棒的內臟反應。牠們會對獵食者噴出一股黏糊糊的臭油，嘔出的油一旦接觸羽毛，便會死死地黏在上面，使羽毛腐爛。懂得趨吉避凶的猛禽都知道遠離崖頂的暴雪鸌鳥巢。

然而，還有其他的影響因素。隨著年紀漸長，我越來越意識到人類對海洋、野生動植物，甚至是對季節的影響。氣候的自然循環受到了破壞，獵食者與獵物之間的互動起了改變，物種內部與物種之間的競爭受到了影響。我可以看到這些變化，就在離威爾斯彭布羅克郡海岸僅八英里的地方發生。

格拉斯霍姆島是北方鰹鳥，即北方塘鵝（*Morus bassana*, northern gannet）的大本營。每到繁殖季，便會有超過80,000隻的塘鵝聚集在岩石的西南邊緣，利用盛行風來幫助牠們起飛。塘鵝本身體型龐大——是北半球最大的海鳥之一——翼展可達兩公尺長。其羽色白，俐落的流線型翅膀尖端為黑羽，頭頂覆蓋著淡淡的黃色冠羽，這是牠們身上唯一感覺柔和的地方，其餘部分則稜角分明。牠們有著銳利的冰藍眼睛。觀察塘鵝盤旋繞飛，盯著水面的樣子，真是刺激極了。這些大鳥會在瞬間頭朝下地往水面俯衝，尖利如矛的鳥喙破水而入，迅如箭枝的身體刺入水中，在射穿海面的瞬時收攏雙翼。若是抓到魚，大鳥便整條吞下，然後坐在水面一會兒，讓獵物滑入食道後，才再次飛入空中。白、黑、黃和鳥眼中的冰藍，但這些已不再是島上僅能看見的顏色了。

如今還能看到橙色和綠松色的塑膠絲網及漁具。以前塘鵝以海草築巢，但現在牠們收集來的材料中，也會出現無處不在的塑膠。據估計，這座偏遠的島嶼上，約有20噸的塑膠垃圾。塘鵝的雛鳥孵出時是蓬鬆的小毛球，牠們脫毛變成深褐色至黑色的幼鳥時，脫落的輕盈羽毛便飄散在空中。日漸長大的小鳥可能被網子和繩子纏住，纏在嘴邊的繩子使牠們無法張口而餓死，纏在腳上的繩線則會勒斷牠們的細骨、截斷血流，使牠們無法飛翔。鳥父母會不斷餵食牠們，但這些小鳥卻因為人類的粗忽而無法離巢。所有拋入海中的物品，最後都會流向某處。

海豹也一樣，好奇調皮的海豹可能會被漂浮的繩索，或漁人扔掉的廢棄漁具纏住，有些海豹可能永遠無法再浮出水面了。我曾見過頸部被繩子勒住的小海豹。灰海豹在成熟後會持續生長，甚至在成年期也還會。隨著體型成長，繩子每年便勒得更緊，深深切入牠們的油脂層裡，造成紅色的瘀傷，將皮毛磨落，如果海豹無法擺脫繩索，最終將被勒死。我還見過另一隻海豹，頭上箍著一個被丟棄的飛盤，看起來像一個詭異的光環。英國整個周邊的大陸棚都被視為港灣鼠海豚（*Phocoena phocoena*）的潛在棲地。鼠海豚和海豹都有可能成為混獲——指商業捕魚所不需要的魚類、海鳥或海洋哺乳動物，混獲不具經濟價值，等著被丟棄。刺網是鯨豚類和鰭足動物的噩夢，它們是懸浮在水柱中的尼龍纖維牆。如果海豹、鼠海豚、海豚或鯨魚被困在刺網裡，便無法浮到水面呼吸了。鯨豚保護協會（WDC）報告指出，光是在英國，每年就至少有1,000頭鼠海豚和250隻真海豚成為混獲的受害者。這個數字並不明確，實際的情況可能要高出很多，因為混獲可以直接丟在海裡，不經報告和記錄。

我在20歲前，便親眼見識到三趾鷗的數量下降。拉姆齊島上有一個三趾鷗的築巢點，就在一個叫歌手窟（Ogof Cantwr）的洞口附近。這個洞穴是座鑿在岩石裡的大教堂，有著高聳的拱頂，底下是從托爾（Twll）流過來的潮水，托爾是島嶼向陸與向海面之間的一道小門戶。藍綠色的水面閃到發亮，斑駁的光影在岩頂上舞動。每年都會80對左右的三趾鷗在島嶼的懸崖和洞穴邊築巢，孵育幼鳥，然後再次離岸。有一年，鳥兒雖築了巢，但巢裡卻是空的，沒有下蛋。鳥爸媽整天在空中飛翔或覓食；但不像以往那樣地來回往返，為另一隻負責孵育的伴侶運送食物了。2017年，英國的三趾鷗被列為國際自然保護聯盟（IUCN）紅皮書上的受威脅物種（Red List of Threatened Species），數量急劇下降。〔光是聖基爾達島（St Kilda）

自1970年以來便已失去約90%的繁殖對（breeding pair）了〕雖說任何物種的減量，都是複雜而多面性的，為了瞭解根本的成因，我們也正在建構各種生態模型，並且在可能的情況下反轉下降的數量。就三趾鷗的狀況，禍因可能有兩個。

第一個因素是漁業。與鯨豚類和海豹一樣，這些海鳥在覓食時，可能被漁網困住而溺斃。但還有另一項危險因素，以前三趾鷗得跟其他海洋生物競相捕食沙鰻，這種魚是牠們的主要食物，但如今牠們還得與拖網漁船競爭，這些漁船撈走了牠們大量的食物。捕獲的沙鰻並不是直接供給人類食用，而是大多拿去餵食養殖場裡的鮭魚和無鬚鱈，或餵豬吃了。

導致三趾鷗數量下降的第二項原因是人為的氣候改變。我們的海洋正在變暖，隨著海洋暖化，原本預期的季節性洋流開始產生變化，致使浮游生物在不同地點和不同的時間點大量繁殖。這種細微的改變，造成食物鏈的巨大變動。當浮游生物的大量繁殖場域發生移位，或比預期中出現得更早或更晚，沙鰻就無法茁壯成長，三趾鷗也跟著挨餓。也許那年我在拉姆齊島上看到的回歸繁殖地的鷗鳥，就是因為營養不良，所以才生不了蛋。

我九歲時第一次看到鯨魚。那是一條被沖上岸的死鯨魚，整個被地心引力拖到變形，離開海水、晾在西南邊的海灘上。我感覺腳下的藻類嘎吱作響，鯨身腐臭，頂層被曬得脆硬，但底部則一片陰溼。食碎屑動物和沙蚤從我腳下跳開。鯨魚的皮膚又厚又黑，感覺介於板岩和黑曜石之間。牠的頭部呈飽滿的弧線，尾巴被岩石割裂，露出參差不齊的殷紅。除此之外，鯨魚看起來十分完整而新鮮：細胞幾乎還未壞死。那是一頭領航鯨（pilot whale），我不知道牠為什麼死掉。也許這是海洋循環的自然環節，也許不是，但在牠面前，我感到一股崇敬之情，有一種我無法完全解釋的吸引力。人們戴著無菌手套走過來，在鯨魚四周鋪上塑膠布，將牠帶走驗屍。鯨魚最後從海邊被移走時，我感到一股深沉的悲哀。我相信那些食碎屑動物也是：明明面前擺了最豐盛的宴席，卻在牠們還來不及享用時，桌子就被清空了。這條鯨魚將受切割，檢查骨骼是否有空氣進入，將牠的脂肪採樣，檢查各個臟器。我想知道牠是怎麼死的，但更重要的是，我好奇牠是怎麼活著的，牠去過哪裡，看過什麼。我想把海灘拋在後方，到一個由潮汐和風所支配的移動世界裡，去鯨魚的世界裡探險。我想看看地平線的彼端有什麼，想去鯨魚遊歷的地方。這是我記憶中，第一次有了離家出海的念頭。隨著歲月遞進，這種感覺越來越強，令人坐立難安。每當海鳥飛離棲地，當海豹開始悄悄游走，當燕子離開我們的天空，飛往更溫暖的大陸時，我便覺得牠們也帶走了一部分的我。

學校九月開學了，一開始很順利。我的小學大部分時間以威爾斯語授課，字母是a, afal、b, beic、c, cathod、ch, chwilen。我在學校裡學會彈豎琴——這個巨大的全尺寸踏板樂器披著紅布，放在小舞台的邊緣。某個颳風下雨的下課時間，我悄悄溜到豎琴邊，掀開遮布，露出閃亮的琴漆，然後開始撥彈，直到手指起泡。學校安排了課程，我超喜歡這種柔和的傳統音樂。上了中學就不一樣了，得更專注於課業，但課程也更無趣了，漸漸地，我發現自己老望向窗外的大海。我記得職業週下午的漫長講座，呈現給孩子們聽的海軍陸戰隊，像是一種冒險，卻對不可避免的暴力隱而不談。職業選項：水管工或電工。然後，我們便一個個地走進漆成詭異桃粉色的小房間裡，跟職業輔導員談話了。我以前從未見過她——她絕對不是我們小學的學年雇員。我坐在那兒，時而交叉腿，時而鬆開，內心的不安逐漸顯露在肢體上。

「所以妳有想過這個暑假畢業後，自己想做什麼嗎？」

事實上，我確實想過自己想做什麼。問題是如何表達清楚。這是一種類似像hiraeth的東西（譯注：威爾斯語，意指鄉愁式的渴望、掛念）——一種我所冀求，多年來在我內心漸次成形的渴望。我想展開一場冒險——當一個帶著筆記本的自然學家，去測量、記錄、繪圖——看看世界會向我展示什麼，並擁有自己的思考空間。就像小獵犬號上的達爾文一樣：展開一場充滿蠶蜥和燕雀的科學發現之旅。我想感受自己的勇猛強悍，體驗挑戰極限時的神經緊繃，就像首位飛越大西洋的女性愛蜜莉亞·艾爾哈特（Amelia Earhart）那樣。我想創造自己的史詩，我想探索，想用世界的邊緣去填滿自己的思想邊陲，然後帶回成百上千的答案，和成千上萬的問題。我想乘風破浪，暢遊五湖四海。我想要刺激、色彩、暑熱、寒冬、長日、短夜，想要酸痛的身體和飛速轉動的腦筋。可是眼下，我只是一個來自海邊的17歲少女，靠晚上在酒吧倒啤酒賺取零花錢。

「所以妳不知道，是吧。那麼……」

她翻著檔案裡一疊包膜的卡片，上面有我可能的未來。

「藝術治療師如何？」

我試圖解釋自己想要的生活方式。

「不切實際。」「那要怎麼做？」「那不叫工作。」

外頭秋季溫暖潮溼的風暴逐漸變成了幽寒的冬色，落葉飄零，樹枝光禿。這個塗色令人作嘔的房間，感覺悶熱而擠迫，我混亂的心中充斥著「妳辦不到」的聲音。我起身離開。

冬天。冷冽的寒風猛烈地吹擊海岸，海灘邊的大石被漲潮的力道托起，擲到沙灘上，移動的沙粒使它們時顯時隱。海雀全都待在海上，浮在水面，讓底下滾動的自然力將牠們帶往海岸。鯡魚和鯖魚早已不見了影跡，真海豚也消失無蹤，游到遠處更暖的水域覓食去了，牠們很可能去了比斯開灣（Biscay），如果沒再更往南的話。少數海豹仍在水裡撲游，主要是那些還不敢放大膽子，到遠處冒險的幼崽。如果你懂得要看哪裡的話，可以看到鼠海豚仍噴著氣浮出水面，不斷地捕食、捕食、再捕食。我痴迷地往海岸小徑上走，待在學校的時間越來越少，我一逮到機會就溜掉，越過田野，沿著老漁夫的小徑走向大海。當我穿過懸崖上，經年累月被踩平的光滑凹面時，我好奇地想著，我們所做的一切，多少都會留下痕跡吧，不知我自己會留下什麼，而這片風景又會在我身上留下什麼痕印。

晚上在酒吧打完工，當完侍者後，回家的路途，變得越來越曲折了，最後我常跑到海邊，獨自在靜謐的黑暗中，坐在無人的救生員亭前頭，凝望清冷幽黑的大海。南主教島燈塔的閃光，是我飄忽思緒的節拍器，世界似乎變成了灰階。錫色的大海，深色的海灘上堆積著灰色的浪沫，海風捲起飛沫往上旋吹，這是我們這裡最接近下雪的狀態了。岩石上黑焦色的地衣標示出濺浪區，在鹹水中長得十分肥美。蕨菜、石楠、荊棘的色澤變得黯淡而柔和。這裡冬天經常下雨，有時是瓢潑大雨，瞬間便能把人澆透，有時則是柔和的濛濛細雨，溫暖而令人多愁。人們待在室內，那些在夏天抱怨人群擁擠的人，此時則感受到淡季的孤寂。海洋帶來慰藉；它無視我的挫折，每次都對我表示歡迎。冬天的海水很難游，波濤將我捲起，推向海岸。我鼻涕猛流，頭髮打成死結，卻渾身來勁兒。躍入刺骨的海水中，很能撫平我的情緒，就像游完泳後用溫暖的爐火烘暖身子一樣必要，我拿著書，蜷在爐火邊，沉浸在冒險世界裡。上學的最後幾年，我充滿幹勁，鬥志昂揚到覺得皮膚都快爆了，但卻苦無方向。我的羅盤找不到北方，沒有計畫的路線要走。我一直過著童真單純的生活，日復一日地探索各種洞穴和小海灣，仔細觀察岩石、在海邊逐浪，在懸崖頂上晃蕩。現在我根本不知道該如何融入成年的生活，我所背負的期望壓力也越來越大了。

有天早上，我一早離開家門，走在通往海邊的熟悉小路上。我每踏一步都覺得酸痛，這不是小時候跌腳絆手地獨行時，感受到的肌肉酸疼，而是一種悵然的沉重感。我越過沙灘，那是我最初游泳的地方，但我沒怎麼停頓，又繼續往前漫步，往聖大衛岬角的長半島走去。我漫遊般地越過乾砌的石堤，經過嵌入地面的圓屋基地，那是以前人們住得離海更近時留下的。我來到岬角，感覺溫暖溼潤的微風拂過臉龐，那是熱帶海洋的風，一路從大西洋島嶼遠渡重洋而來。我背靠著巨石坐下來，覆滿石面的地衣輕輕刺痛了我。我閉上眼睛，感受到圍繞在我身邊的每一寸風景，每一寸大海。漲潮了，腳底深處的洞穴和裂縫中傳來隆隆的回音。島嶼、海岸的形狀，我家的小屋，我的港灣，我都瞭如指掌，深深愛戀，那股情緒在我胸口激蕩不已。我有一部分屬於這裡，而且將永遠屬於此地。但還有一部分的我需要去流浪。我背抵著石頭，大海就在眼前，這裡是邊陲地，是英國的西陲，是我的世界的邊界。

我的社區，我的家鄉，如今在整個英國中，被視為邊緣地帶。以前不是這樣的。我們人類跟海洋一樣，從來不會真正停滯，也不應如此。我們狩獵和採集，然後定居下來。我們做出了不可逆的轉變，從原本在環境中存在，由四季的潮汐控制我們的行為與生活，轉變成企圖控制環境。六千年前，當人們開始在此定居時，水是一切；海洋、河流代表了連結。隨著這個海濱社區的發展，漸漸有了貿易、遷入、遷出與入侵。他們以羊毛、奶油、乳酪和布料，跟布里斯托、德文郡，還有愛爾蘭、法國、巴斯克區，交換葡萄酒、鐵、蜂蜜和鹽，往南還遠至葡萄牙。彭布羅克郡的重要性一直延伸到地中海，並獲得羅馬人的認可。我此刻所在的海角，被他們稱為「八角岬角」

（Octopitarum promontorium），以警告船隻，拉姆齊島、主教與職員諸島，對行船所構成的威脅。這個海角是重要的導航輔助工具，是進出愛爾蘭海的重要地標。北歐海盜在地名上留下了他們的印記。斯科默：裂縫側邊。拉姆齊：赫拉芬（Hrafn，編按：古北歐語人名）的島。南主教島有個不怎麼神職的名字，Emsger，孤石。考古學家使用穩定同位素分析，揭示人口的頻繁遷移。在彭布羅克郡土壤裡發現的骨頭，顯示有來自古威爾斯、古愛爾蘭、地中海、北歐、法蘭德斯和諾曼第的民族。

17世紀中葉，在威爾斯受到迫害的貴格會〔Quaker，譯注：直譯為顫抖者，成立於17世紀英國，創始人喬治·福克斯（George Fox）聲稱自己「聽到上帝的話而發抖」，因而得名〕信徒跨越大西洋，在新大陸找到了歸宿。1888年，他們從南塔克特島（Nantucket，譯注：美國麻薩諸塞州南部島嶼）歸來，帶回了販賣燃燈用的鯨油所賺取的利潤。他們點亮這個國家時，同時建造了米爾福德港（Milford Haven），希望在彭布羅克郡的海岸建立捕鯨基地。他們就在這個海岸上打造船隻——單桅縱帆船（sloop）、漁用帆船（smack）、雙桅縱帆船（schooner）和雙桅橫帆船（brig）。我多麼希望能看到那幅景象：劈鋸木頭、從陸地到海洋，樹木變成了木板，木板變成船體，揚帆捕風，船隻在水上自成一體。丹比港（Tenby Harbour）曾經擠滿了三桅漁船，捕獲大量鯡魚，直到1800年代中期魚群銳減為止。克萊德河（River Cleddau）裡的牡蠣曾被帆船打撈上來，直到該世紀末，牡蠣數量也嚴重衰退。不知當時的人是否以為海洋的資源永遠取之不竭？當捕獲量逐日、逐網地減少時，他們究竟在想些什麼？彭布羅克郡的帆船貿易，在1930年代左右，轟隆作響的卡車和貨車興起之後落幕了。捕魚業將帆船換為蒸汽船，又延續了一段時間。彭布羅克郡現仍有商業捕魚活動，主要是捕魚籠——捕蟹和龍蝦——但規模小多了。現在大多數的漁船都不到十公尺長，且通常在近海捕魚。除了捕魚，還有石油。米爾福德港是英國最大的天然深水港口。那些裁切天際線的煉油廠建於1957年，有種反烏托邦的美感，因應擴增到10萬噸的油輪而建。後來油輪又擴大成20萬噸，然後是30萬噸。現在則有個方案，打算於2040年前，在水道上打造一個實驗性的核融合反應爐。

克萊德河邊的社區和海邊的居民曾經被認為是關係最緊密的，因為以前的關聯是透過水路，而非基於Wi-Fi的信號強度，或跟倫敦的距離。現在這些居民被邊緣化了，處於次要，本身的價值未受到重視。這裡的人口一直在老化。大量年輕人離鄉而去，尋找其他的工作機會；主導本地的觀光業受限於季節，薪資又低，但房價卻高不可攀。我有些朋友決定留在這裡設法謀生，但我知道有更多的人離開了，也許很多沿海社區都是這種情形。

某個冬日，我在沙灘上散步時找到一個瓶中信。瓶子來自根西島（Guernsey），由三名夏末正要去夜遊的青少年所寫，夏天過完他們就要上大學了。他們喝掉瓶中的紅酒，打算在小島上與好友共度最後幾夜，三個興奮不已的年輕人決定寫封信，告訴全世界，他們那一刻的狀態。他們用蠟將瓶子密封，擲出港口牆外。幾個月後我收到瓶子，我知道瓶子漂向我前，經歷過什麼旅程。這跟墨西哥灣流有關，這股灣流讓我們的海岸遠離嚴寒，保持溫和的氣候，它在親吻半島的同時，也觸碰著墨西哥灣的海岸，這種實質的聯結，延伸數千英里。我在這道水流中泅泳時，曾遇過鯨魚——沒錯，是座頭鯨（humpback whale）——牠們在大西洋的另一側進行南北遷徙。漸漸地，我也感覺到遷徙的召喚了。

一記嘶啞的叫聲打斷了我對家鄉和國家的冥想，從過去穿向未來，像錨一樣地將我拉回了現實。我張大眼睛，就在我眼前。

黑色的翅翼
漆黑如夜，羽毛閃爍。
如指尖般伸展而出，
劃開了空氣。
紅。
豔亮的紅。
喙和腳，
閃耀。熊熊燃燒。
點燃了靈魂。
火烏鴉。
翺翔而上。

越飛越高，
空氣更加稀薄，上升氣流舞動。
翅膀收攏，翻滾，
旋轉，墜落，
加速，再加速。
直至
彈指間
疾衝，刺激無比，
然後啪的一聲。
展開翅翼，
再次攀升。

Pyrrhocorax pyrrhocorax，火烏鴉、康瓦爾山鴉、紅嘴山鴉、帕洛瑞斯（Palores，意為挖掘者）、海鷗、多舌烏鴉、海烏鴉。這種鳥有很多名稱，但對我來說，牠就是火烏鴉。起初，我只看到一隻鳥，那隻烏鴉引起了我的注意，但接著其他火烏鴉出現了，牠們在風中飛舞，總共八隻，可能是四對鳥吧。牠們似乎在欣賞自己的飛行、雜技，就像我一樣，鳥群飛入我看不見的熱氣流中，然後順著重力作用，朝懸崖頂部俯衝，收緊翅膀貼在身上。牠們在最後一刻張開翅膀，如此的英勇而刺激，接著優雅地轉個彎，再度升空。鴉群的翅色深邃如海，嘴和腳的豔紅有如一抹火焰，在冬季的空中燃動。

火烏鴉已經成為一種傳奇鳥了。據說亞瑟王在去世後，化為烏鴉，紅色的嘴和腳是他的鮮血，亞瑟王透過火烏鴉繼續存世，只要火烏鴉飛翔著，國王便永遠不死。第一位女巫瑟西〔Circe，譯注：希臘神話中住在埃埃亞（Aeaea）島上的女巫，善於運用魔藥，使敵人變成怪物〕在埃埃亞島上行走時，腳邊跟著一隻獅子，頭上則是一群環飛的火烏鴉。火烏鴉被視為引火的火把，只要輕輕一觸，便能使莊稼和屋舍著火。內陸地區看不到火烏鴉，雖說以前或許能看得到。不，這是一種邊緣地帶的鳥，活在邊陲。牠們僅生活在英國西海岸和愛爾蘭西海岸——凱爾特（Celtic）地區。彭布羅克郡的火烏鴉數量極多，棲住在島嶼和海岸線。光是拉姆齊島，通常便有九對左右的繁殖對。

正如火烏鴉的另一個名稱所示，牠們以前在康瓦爾也很常見。過去一個世紀，牠們的數量逐漸減少。曾有一段時期，在英國南端，利澤德（Lizard）這塊突出海面的土地上，僅有一對成功繁殖的火烏鴉。牠們在1947年最後一次成功交配後，康瓦爾的火烏鴉自此便消失50多年，只能在康瓦爾的盾徽上看得到，盾徽上的火烏鴉傲然而立，兩側是漁民和礦工。

對山鴉類而言，問題出在土地的利用。人類改變了在沿岸的生活方式，火烏鴉喜歡風吹日曬、含鹽的環境。牠們挖掘沿海邊緣，貧瘠牧草地裡的幼蟲。當農業遷往內陸，遠離鹽分，當荒地和灌木地被拋棄，以密集式的耕作取代，以便於控制遊蕩的牲口後，灌木叢便長得太高，害火烏鴉無法挖掘，也無法覓食了。隨著這些鳥類變得稀有，牠們的蛋，收藏價值也逐漸增高，人們從僅存的少數巢穴中偷走鳥蛋。按照人類的慣性，可想而知的是，康瓦爾的人只有在失去火烏鴉後，才懂得難過；知道牠們還在時，就應該珍惜保護牠們。如今人們已採取措施，努力將牠們帶回來。過去十年，火烏鴉已成功且自然地回到康瓦爾了，2001年，有對火烏鴉再度於利澤德築巢並繁殖。現在，海岸線受到精心管理，以維護火烏鴉的棲息地。彭布羅克郡亦是如此，聖大衛岬角吃草的馬匹，可維持灌木的矮度。在拉姆齊，人們乘船駛過拉姆齊海峽放羊，確保火烏鴉能夠覓食。山鴉類是天生的一夫一妻制，牠們把巢築在懸崖上、洞穴中或沿海廢棄建物的屋簷上。牠們在巢裡鋪上羊毛、毛髮和薊花絮，每年下一次蛋，以反芻的幼蟲來餵養雛鳥，然後雛鳥離巢打造自己的巢穴。牠們在海上討生活，牠們雖靠近大海，卻不屬於大海，火烏鴉活在薄弱的海陸分界線上。對我而言，那天，牠們是一道燃燒的明確指引，在冬季天空中掠過的明豔標誌。我踩著數月以來，難得一見的堅定步伐回家。

那晚我躺在閣樓房間裡，燈塔的光束掃過黑暗，延伸到海岸，直達水面。那光芒，不再是我忠實的夜間伴侶了，而是一種誘惑的呼喚，隨著每次旋繞，不斷地對我呼喚。雨點沉重而結實地咚咚落下，像擊在瓦上的鼓點，引領我站起來。我勉強離開背後溫暖的壁爐，搬開一大疊書，趕走總是有辦法賴到我床上的貓咪。我光著腳走在粗糙的木地板上，雖然已經躡手躡腳了，但在走向窗邊的途中，還是免不了踩得木頭咿呀作響。我把額頭貼在冰涼的窗玻璃上，呼出的氣在玻璃上凝結成小水珠。外頭雨勢如洪水般傾瀉而下，我看到雨水在吸水到飽和的軟地上匯聚，準備流往小巷，漫向路面，形成一條小溪。我勉強看到大梣樹的形影在冬風中搖晃，光禿禿的樹枝瘋狂擺動。那一夜沒有星子，月亮被密雲遮去了，根本看不到影跡。我這一輩子總是受到保護，待在安全溫暖的地方，冷眼觀看、傾聽、等待惡劣的氣候過去。然而等待的時候已經結束了，時機終於到來了。現在，我要站到暗夜裡，出去冒險，感受風雨經過屋頂的聲音，與在黑暗中感受風雨打在身上的感覺，是如何地截然不同。置身大自然裡，會在心中創造出全然不同的空間。

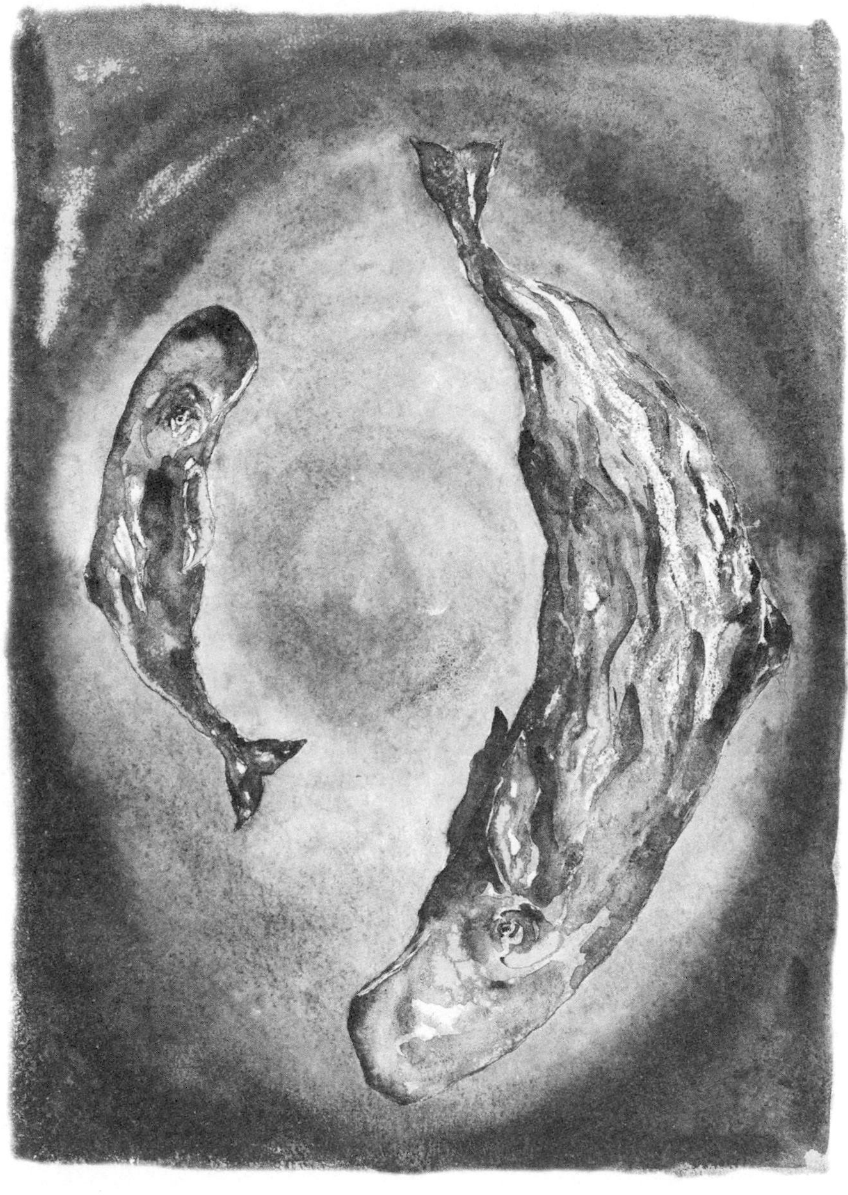

第二章　抹香鯨

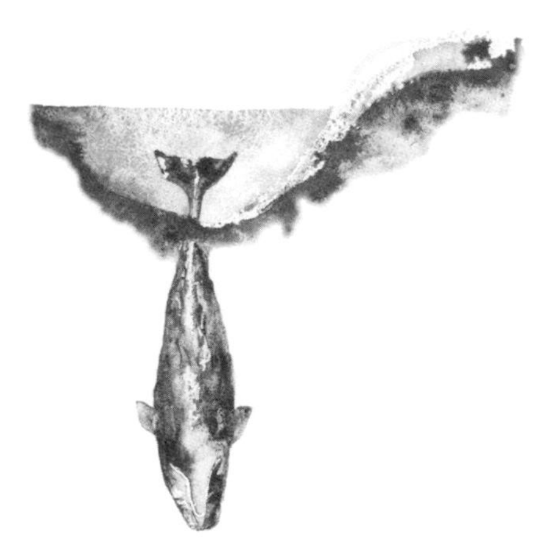

海天相融，難以區辨——海水無處不在。浪濤朝著我們打來，碎成一片泡沫，冰冷的鹹水濺在我們身上，與猛烈擊落的暴雨形成了鮮明的對比，雨水打得結實，痛得有如火燒。我的油布外套帽兜下只露出一小片臉，我眯著眼，露著手，用紅腫的手抓緊船舵，指上的皮膚都被水泡皺了，水順著皺成小溝的褶子流淌。我已經不知道自己的手套跑哪兒去了，就算有，在這種滂沱大雨裡也派不上用場。風聲、雨聲、接連不斷的海濤，不分青紅皂白地咆哮著衝撞船身，潑過依舊頑強抵抗的小艇天篷。全組船員都醒著——非醒不可，因為整個人在鋪位上被拋上拋下，根本不可能睡得著，船身從波峰往下墜時，整個人就跟著變成自由落體。我們裹緊防寒衣物，交換著一些「你會選擇……」的情境題，來維持輕鬆的氣氛；我們狂講蠢笑話，越蠢越好。船廚那邊遞來一杯杯的茶，但杯子幾乎一到甲板上就被雨淹沒了。你得牢牢握緊杯子——千萬不可放下，而且萬一迎風舵變沉了，還得隨時遞給其他船員。雖然風狂雨驟，但我還是很樂於站在甲板上。對我來說，這種時候船廚才是最危險的地區。

廚房裡的煤氣味就足以讓我飛逃到甲板上，倚著欄杆狂吐了。在船廚裡煮任何東西，都是一場驚心動魄的平衡表演。你得把自己綁在爐子邊，爐子本身在平衡架（gimbal）上狂搖，這是一種樞紐支架，容許爐子在船身搖晃時，保持與地平線垂直。重點是，爐子搖晃時，食物能安全地待在爐灶上。要把爐子裡的食物取出來，就得冒點險了，你得花一兩分鐘的時間，解開身上的綁扣，打開爐門，取出食物托盤，試圖找個安全的地方擺好，同時保持直立，跟拋擲船身的狂風驟雨纏鬥。未裝在平衡架上的物體表面，沒有一處是安全的，而橡膠墊子的摩擦力只能提供有限的穩定性。你得保持專注。有一天晚上，我正在做晚餐，風速來到35節時我才猶豫了一下，整個人便從船廚摔向另一頭了，我幾乎變成自由落體，等到陡然停下後，我發現自己坐在航海圖上，而戴著烤箱手套的雙手，仍奇蹟般地捧著一盤金黃色的南瓜和烤大蒜，東西並沒有灑出來燒傷我整張臉。其實我最終要做的是義大利燉飯，從那次之後，每次我吃到燉飯，便會哈哈笑著想起那一刻。打開儲物櫃成了一種運動，因為鍋碗瓢盆會失控地朝你砸過來。上廁所得搶快，要純熟地撐實了，用一隻手或一條腿抵住牆壁站穩。瘀傷必不可免，我的大腿上半部瘀斑累累，就像每年秋季，我的手都會被黑莓染成紫色一樣。我在家鄉沿岸漫遊時，會穿過陸地的地景，而現在，海景在我周圍築起、崩塌、捲動、咆哮、猛衝，以惡魔般的迷亂決定我的動向。

一個黑色的小身影，尾端有片白斑，飛掠了波浪，那輕巧俐落的速度，與我們費力的航行恰成反比。風暴海燕（storm petrel）掠過水面。我向來知道這種鳥預示著壞天氣，是暴風的召喚者，在暴風雨來臨前，牠們是最後一隻返家的鳥。繼續跳舞吧，小風暴鳥，我指著掠過大海的鳥兒說。

「漢娜，我不懂妳怎麼還有辦法看得到。」一名船員大笑說，雨勢實在砸得太猛烈了。我們兩人一週前才認識，但在海上友誼建立得很快，你得相互信任，把命寄託在對方身上。

「別擔心，我啥也看不清楚。」我哈哈笑著吼回去。這話有一半是真的。即使在傾盆大雨、滔天大浪裡，我還是能隱約看出第一道防波堤的入口，我將會在那裡把船交給船長，由他帶領我們進入紐芬蘭（Newfoundland）的博納維斯塔（Bonavista）港口。

我們在海上僅待了一週的時間，原本計畫待三個星期，可是我們在風暴前卸帆，把帆收到橫樑上，縮小船帆的面積，重新設置新的航向和索具，以應對增強的風力。當我們接近海岸時，風速已經升級為嚴峻的強風了，當天近尾聲時，強風將在背後北大西洋的力量支撐下，轉成暴風雨或颶風。我們抵達港口時，碼頭被水和冰雹弄得溼滑不堪，被暴風雨凌虐了一個小時的我們，凍手凍腳地頂著惡劣的天氣，將繩纜安全地繫妥。港口停滿了色彩鮮豔的漁船，只有少數幾艘遊艇敢停在大西洋海岸這種無遮蔽的地方。五百年來，這是北美海岸線上，一處極為繁忙的漁港。1497年，一位名叫約翰・卡伯特（John Cabot）的義大利水手受僱於英王亨利七世，從布里斯托（Bristol，譯注：英格蘭西南部城市）出發，尋找新的土地；儘管當時在博納維斯塔，已證實有貝奧圖克人（Beothuk）的存在了，卡伯特還是為歐洲宣稱主權。貝奧圖克人狩獵只為自給自足；在岸上設陷阱，捕獵岸邊的海豹、海鳥和魚類，族人會避開產卵期間，以維護魚類，同時維持自身的生計。然而那裡的鱈魚產量如此豐饒，以至於原本僅為季節性的歐洲前哨站，變成了永久的定居地。對貝奧圖克人來說，這是一項深具毀滅性的變化。前哨站還只是臨時性質時，貝奧圖克人尚可避居內陸，迴避跟捕魚的歐洲人接觸，找到和平共存的方式。然而殖民者全年進駐後，貝奧圖克人的數量急劇減少，乃至於滅絕；原因在於迫害、自歐洲引入的疾病，還有因為歐洲人的干預改變了馴鹿的遷徙路線，而導致的飢餓。1829年，最後一名貝奧圖克女性死於紐芬蘭的聖約翰。

鱈魚繼續一網一網，一次又一次地從海裡被撈起。第一次世界大戰後的革新，拉長了遠洋捕魚探險的距離，來到漁產豐盛的大淺灘（Grand Banks，譯注：加拿大紐芬蘭島東南方，北美洲大陸架上的一個海底高原）附近。新的海上加工技術使岸上的作業時間減至最低，並最大程度地增加了捕魚的時間。我們很難確定這些新的做法，對鱈魚群的規模產生什麼樣的影響，因為大西洋鱈魚從未有過基線數據。有人做過估計，但我們僅能確定捕獲數據在1968年達到巔峰，捕獲的鱈魚量達到810,000噸。到了1992年，漁業科學家估計，具備產卵能力的成熟成年鱈魚比例，即產卵生物量（spawning biomass），僅占峰值數量的1%。漁民依然帶著漁網出海，但他們現在從水中撈獲的產量越來越少了。這種急劇下降導致鱈魚的停捕令，也造成加拿大史上最大規模的失業潮。光是在紐芬蘭，便有約三萬名完全依賴海洋為生的人，發現自己失去生計。

雨水已變成了冰雹，浮橋非常滑溜，我們一邊如履薄冰地踩著步子，一邊將繩索和彈簧固定在碼頭上。保養得宜，漆成豔藍的港口辦公室聳立在前方，所有的建物都塗成蠟筆盒裡的大膽濃色，筆直的拼接式或木瓦式房屋，完全看不出小鎮曾有的悲情殖民史，那個貪婪與管理不善的年代。我們的頭腦還待在海上，所以有些暈陸，大夥各自散往島上不同的角落，在船上困居了那麼久後，大家都渴望能有片刻的獨處時間。我來到一家溫馨的咖啡館，外頭大雨瓢潑；待坐定後，我點了一杯熱咖啡和甜薄餅，脫下溼掉的層層衣物。老闆問我從哪兒來；當他告訴我，他老婆也是彭布羅克郡人時，我有種人不親土親的感覺。他們多年前在彭布羅克郡的懸崖上邂逅，然後她便移民到加拿大了。那股親切感、咖啡和能使我擺脫值班守望的例行公務的片刻，使我備感溫暖。我離開咖啡館準備回船上，稍早時，我穿越湖邊一道鋪設好的小徑，走到內陸，但這回我選擇了沙灘。

沙灘上散落著毛鱗魚（capelin），銀白色的身體在沙上閃閃發亮。這是我第一次見到這種魚，覺得十分興奮。一開始我以為八成發生了可怕的擱淺事件，或水質受到污染，導致這些小魚被沖上岸。我不知道這其實是牠們生態系統的一環。成熟的毛鱗魚為了產卵會自行上岸，成群的魚兒乘著漲潮沖上岸，雌魚在沙中產卵，由雄魚受精，然後大多數成魚被困在岸上無法返回海中，而死於灘上。受精卵被埋在沙中和石頭下，就像此刻牠們就位於我腳下的某個地方，等待在兩週到一個月後孵化成魚。孵化出來的魚苗在沙中逗留一小會兒，然後大規模地遷移到海裡。牠們到了水中便開始以浮游生物——食物鏈裡的移動養分——為食。而毛鱗魚本身則是鯨魚、海豹、海鳥、魷魚和大西洋鱈魚的重要食物。這些小小的銀魚看起來如此嬌小精緻，卻是維持海洋生態系統的重要環節。

我望向沙灘遠處，看著岩石後方的港口，自己乘坐的船，那將是我這個月接下來的家。這艘低矮的雙頭船，有著深藍色的纖維玻璃和獨木舟式的圓弧船尾。這是一艘勇者40（譯注：40英尺的Valiant型帆船），這種輕型工作船的設計並不特別出色，世界各地碼頭都能找得到，但我一直很喜歡這種船型。她在海上享有特殊地位，不是因為線條特別漂亮，而是因為她的用途。露脊鯨號（Balaena）是哈爾・懷德海教授（Professor Hal Whitehead）的帆船，教授是一位傑出多產的生物學家，自1970年代以降，一直是鯨豚類的研究先驅。他和學生們駕著這艘船，繞行地球半圈以上，收集有關鯨魚和海洋的資料。就在這一次航行中，懷德海實驗室的博士候選人蘿拉・費爾（Laura Feyrer）（現已是費爾博士了）正在為她的北瓶鼻鯨（northern bottlenose whale, *Hyperoodon ampullatus*）論文收集資料。她在露脊鯨號上總共做過四次季節性田野調查，但這是她的第一回。我們正在做聲學橫斷面研究（acoustic transect surveys），駕船拖著水下聽音器（簡稱水聽器，是一排水下的麥克風），沿設定的航線航行。甲板上還有專門的觀察員，負責找到鯨魚並記錄環境數據。費爾博士的研究領域是族群結構和其地理分布，她的研究發現已經造成了影響，並將持續發揮影響力，以確保這些鯨魚的保護策略，是根據鯨魚的實際分布位置、使用棲息地的方式，以及各種威脅在鯨魚不同生命週期中的影響，所制定而成。費爾博士不僅是出色的科學家，也是位母親，她成功地在嚴苛的田野工作和照顧年幼子女之間找到平衡。與她一起航行，令我很有成就感，使我找到了願意傾注熱情的人生方向。

來到露脊鯨號的歷程有時相當艱辛。我18歲時離開學校，在一艘野生動物觀光船上找到工作，專門繞行彭布羅克郡的群島。我很快學到許多事項，也瞭解到很多自己並不想做的事。許多環境皆以男性為主導，但遊船上的狀況最為極端。身為年輕女性，妳必須付出雙倍努力，才能獲得一半的機會。妳證明一切後，得再證明十遍。就生理而言，妳必須能擔任男性同業所做的一切，即使妳的身體在生物學上本來就不同。妳沒有犯錯的餘地，不能抱怨，若得到任何休息或機會，便得心存感激，因為它隨時可能被奪走。妳不能談論這些，只能讓自己變得更厲害、更上層樓，又再上層樓，直到筋疲力盡。我在海水陽光下工作一整天，日復一日，幾乎沒有喘息的時間，我因脫水而腎臟發炎；醫生雖然做出診斷了，他們還是通知我去上班，否則就要將我解僱。我在盛夏時，每週工作70個小時——夏天忙到要死，冬天遊客一消失，便閒到發慌。我被當成自由業者——沒有病假，沒有安全保障——然而，當我試著也幫其他公司做事時，他們卻告訴我說，這是不可接受的。我記得騎著單車回家路上，我對著天空大聲尖叫，這一切實在太不公平了。

英國史上認為女人會為船隻帶來厄運，覺得女人上船會激怒大海，這在一定程度上體現了水手的迷信特質。在海上不能吹口哨、不能在星期五出航、女人會帶來霉運，但這也是一種厭女情結。雖說我們的社會在各方面都受到父權偏見的影響，但在海上尤其嚴重，以至於女性幾乎完全被排除在外。根據記載，有商船船長和捕鯨船長的妻子，為了避免長年分離，而隨丈夫一同出海，結果卻被囿於船長的居住區，僅能到船尾甲板上換口新鮮空氣。那些大英帝國時期，搭船往返英國和印度之間的女性，在船上的著裝與行為，都受到極其嚴格的規範，以免誘發狀況，擾亂船隻運行的秩序。她們總是與船組人員隔開，這種經驗一定非常孤立而奇特。少數反傳統的女性，以水手身分，而非以妻子的名義登船，她們女扮男裝，混入船組，許多人幹得有聲有色，但她們的性別若被識破，便得被迫離開。在所有這些矛盾中，最奇怪的也許是，我們賦予船隻的性別：船隻以女性的「她」來稱呼。這個代詞源自於船體的曲線，以及船如何像子宮一樣地容納船員，安然地將大家送抵目的地。只是在船體中，水是被排除在外，而非容納在內的。妻子、水手、偷渡者——事實是，暴風雨來來去去，無論誰掌舵都一樣，你只需要有足夠的力量和技巧去駕船就行了。

這種對待女性的態度正在消減，但速度很慢。我與每位女水手交談時，都會聽到相同或類似的偏差經驗，或明擺著的厭女態度，而我們都得設法對付這種文化。我真的不知道該用哪種辦法最好，而且我常發現很難處理一些不妥之事。我曾經在一家沒有女廁的船廠工作，他們說我不能使用男洗手間。有些批評是可以預料的，我去訂購或領取零件時，常得看人臉色。當我把船停到浮橋邊時，還是會有人瞪我，我去過的每間船廠皆是如此。我跟人講完話走開後，常後悔剛才沒嗆回去，我在自我保護與促進平等之間拉鋸掙扎。

我在找尋平衡，避免工作到筋疲力竭，這些古老嚴酷的教訓已根深柢固了。然而即使是擔任導遊的第一份工作，我還是深愛著那些看潮汐變化，跟別人分享我對海洋生物的熱愛，學習如何在英國最棘手的潮浪裡操控船隻的日子。在某個特別漫長的一天結束後，一位有女兒的父親在離船時，往我手裡塞了兩張紙。一張上面寫著，能看到女性在這種環境工作何其重要，感謝我讓他的女兒們看到我在船上。另一張紙也表達了同樣的謝意——一張50英鎊的紙鈔。最初那幾年，還有其他鼓勵我的人士。費昂・里斯（Ffion Rees）便是其一，她僱用我擔任導遊，與我分享自己的智慧與經驗。這份支薪的工作使我能攢下錢，支付我的資格認證費用。費昂給了我一個跳板，後來她開辦自己的業務，旨在保育與合作，她的員工多半為女性。

我也開始到一所帆船學校當志工，在比小艇稍大的船上學習操作船索。在負責辦校的一家人幫助下，我申請到一些資助，提升自己的資歷，並開始累積一些文件資料。駕帆船的資格證書費用高昂，耗費的成本迅速增加。入門通常是最難的部分，但我非常堅決，我勤於發問、與人結交、建立人脈、找門路。而且我很有福氣——身為一名受過良好教育的白人女性，家裡又特別支持。我有很多無薪的工作機會。每次回家，我便去餐廳當侍者，到酒吧幫人倒酒，在商店輪班工作，以實現我的帆船夢。我還販賣自己的畫作。我知道維持船隻運行的費用高昂，我很高興在獲得支薪的資格前，能得到經驗與知識。我勉強養活自己，但無薪工作的體制排除了許多人，也限制了工作的多樣性。

我在當導遊一年後，到英國公開大學（Open University）

修科學課，進一步瞭解海洋。工作第二年時，我也在帆船學校當志工。我徹夜開車往返兩地，停到服務站睡在車裡。接下來的一年，我受邀橫渡風暴肆虐的北海，從英國往返挪威，搭的是一艘已有95年歷史的木船，這艘一百噸重的木船在強風中以每小時13節的速度航行。我跟同伴是在彭布羅克郡都當導遊時認識的，他在這艘古典木船上工作，為客人提供包船旅行，並送貧困的年輕人出海。他們在最後一刻缺船員，所以問我要不要跟，但我得負責煮飯。那是我第一次遠離岸邊。北海雖然沒有特別廣袤，但我們約有五天沒有靠港，這是我第一次有機會在海上過夜、值班、搭帆船旅行。

第一晚，他們把舵交給我，我害怕到兩手直哆嗦。北海的浪濤有自己的擺盪方式，跟我成長的凱爾特海岸完全不同。為這麼大的船掌舵雖令我緊張萬分，但我勉勵自己集中心神，克服壓力，希望終有一天自己能輕鬆駕馭。港口有座轆轆轉著風葉片的風力發電場，這片水域有很多風力發電場，當時我還不習慣判斷海上的距離，尤其是在夜裡。雖然我們離渦輪機還有幾英里，我卻覺得過近，好像在黑暗中迫近。而且，前方還有一座石油鑽井平台，北海分佈著184座類似的平台，一柱橘色火焰噴入夜空；與此同時，巨大的油輪加快速度通過，我則保持在我們的航線上。這個夜晚似乎異常地反烏托邦，鑽井平台就像某種H.G.威爾斯（H. G. Wells）筆下的生物，冒著火，僵硬地在海上邁著大步，而油輪則將燃料和食物運往世界各地，那些支撐我們現代生活的機器，大部分都隱匿在我們的視線外，在大海之上。等我終於回到自己的鋪位時，發現沖到甲板上的海浪，已經從船板間滲進船內了。我只想閉起眼睛休息，可是我床上有一灘海水。

雖然整個航程中，風力不斷地加大，但我們往東北航向挪威時，我變得越來越穩定了。我們接近目標港口的那個早上，我第一次體驗到，在海上待了那麼久後，聞到陸地的氣味是什麼樣。往北吹的風直接穿過松樹，那美麗鮮爽的香氣，迎接正待登陸的我們。整個航程中，我只看到一隻小鬚鯨（minke whale）和一些零落的鼠海豚，不過現在我猜，那邊應該還有更多的野生動物，只是當時我全心適應航船的節奏，在廚房裡忙著，並努力在甲板上幫忙，沒法專心尋找鯨魚。我在船上待了快一個月，我們一抵達挪威，便在最美的群島周圍繞行，與其他經典船隻競速。海水清澈冷冽，令人煥然一新。我們從挪威開到德國，最終來到荷蘭，然後再次越過北海回英國。接著，我期待已久的機會出現了。

在露脊鯨號上的研究之旅，實現了我小時在彭布羅克郡海灘上，遇到那頭被沖上岸的領航鯨後，便一直懷抱的夢想。我想知道，想看看每一種鯨魚。我想知道牠們住在哪裡，如何生活，有哪些適合的棲息地，我想知道牠們的數量。現在我明白了，這些問題的答案可透過「數量和分布」調查來發掘。聽起來雖然很基本，卻能提供基礎的知識。生態學的核心原則，就是確定哪裡住了什麼，以及牠們為何住在那裡。這些是確定物種是否瀕危，或是否能實施任何有效保護策略所需的資訊。我雖然渴望航行，渴望旅行與冒險，但我也想有所貢獻，希望自己的旅程能為保護海洋盡點心力。因此我在20歲時，花光銀行所有積蓄，買了張去加拿大的機票，登上露脊鯨號。此下現刻，我就在大西洋的另一端，參加一場科學研究的遠征了。

白日裡，我爬上桅杆尋找鯨魚，彷若小時候爬到樹梢上探險一樣，但是更棒，綠葉變成了藍色的海洋，在我底下開展，就連海上最細微的晃動，也會因高度而放大。我鼓起勇氣往上爬，不理會微顫的雙手、緊繃的身體，鑽進桅杆頂部的瞭望台裡。我從不繫安全帶，從不把自己綁在索具上，但萬一掉到甲板上一定很慘。有了青春的加持，我覺得什麼都擊不倒我，對自己的人生充滿信心。我坐在桅杆上的台子裡，雙腳懸蕩在空中，船身迎風而行，我覺得自己彷彿能吸收周遭世界的擺動，成為世界的一部分。我覺得自己聽過的天籟之音，就是長鬚鯨（fin whale）浮出水面時，發出的轟然呼嘯。寧靜的海上，鯨魚呼出朝天而射的長長水柱。我找到鯨魚的海上世界了。

我的第一頭抹香鯨（sperm whale），是感覺到，而不是親眼看見的。那是個漆黑的夜晚，濃霧將船身孤立起來，霧氣環繞住我，像捲鬚似地爬下我的領口，沿艙梯滲入客廳。夜霧遮去了星月；我幾乎看不見自己伸在面前的手。天很冷。刺骨的苦寒令人溫度盡失，精神委靡。我因為在甲板下睡了一小會兒，還覺得有點悶熱。我睡覺時穿上了所有保暖衣物，全部的衣服，所有的防水衣，還戴上帽子，然後鑽進放在行軍床上的羽絨睡袋裡。儘管身上層層疊疊，但還不夠暖。天氣好時，我可以脫掉靴子，天氣差時連靴子都不敢脫。幾天前暖氣壞了，鹹溼的空氣使一切變得潮溼，我好渴望能有扎扎實實的暖意。我的枕邊掛了一個水果網，我們離岸前在裡頭裝滿了堅實、紅潤、甜脆的蘋果。我眼睜睜地看著蘋果在網子裡磕碰、枯皺，並開始變軟，果實上出現菱形的交叉紋，最後蘋果開始流湯。我不確定自己的情況看起來會比較好，霧氣溼到我的手都起皺了，我的頭髮紮成一根亂七八糟的辮子。我因為缺乏睡眠和食物，覺得又冷又噁心，眼袋浮腫。在那種時序大亂的排班表上，你很難確定什麼時候吃飯，我看船況而定，每兩個、四個或六個小時醒來一次。

現在我得去甲板值下一梯的班了，我哆嗦著蜷在遮雨篷下，覺得越來越噁心。上樓去值班的路上，我從網子裡抓了一顆軟呼呼的蘋果，勉強吞下，但我知道自己可能很快就會吐出來了。吐出點什麼比乾嘔好。那一刻，我覺得自己又慘、又噁心、又冷、又徬徨，離家背井，也離開了背後溫暖的火爐。我正在航行，在離岸數百英里，加拿大東岸的寒霧裡。我雖然熱愛海洋，熱愛探索未知，但我何苦忍受這種慘狀？我們甚至沒有行進，只是漂著，在夜裡的海上悠悠晃蕩，一邊還要密切注意冰山。船幾乎停在原地，後邊的前風帆試圖將我們拉向一邊，而主帆則拉往另一邊，露脊鯨號算是停滯在海上了。我除了保持清醒，負責監視夜晚的狀況和雷達螢幕外，沒有別的事情可做，這麼做是為了防止冰山突然從霧裡冒出來。我站起身，剛吃的蘋果湧了上來，我探到護欄外往海裡嘔吐。但狀況好像有點不太一樣。我身體一僵，立刻感覺到在海上的不是只有我一個。船邊有片黑色的身影，有如從水裡升起的陸地，但我聞到的並不是大地氣息，而是感覺夜裡出現了深海的生物。我仔細望去，有個表面結塊的東西，那近似膠狀的形體上，覆著閃爍的薄水。我的好奇似乎令牠感到不滿，這傢伙朝著我的臉，噴出一團溼氣。

Physeter macrocephalus，
抹香鯨，
從鰭到尾鰭呈脊狀，
背形佝僂，
是大海裡的一座島嶼。

鳥瞰視角無法看出這種生物的規模，和其拉丁學名所暗示的比例——Macrocephalus，碩大的頭。牠們的皮膚凹凸不平，且有深溝，像一片可供探索的地形。而最大的凸起處，是位於頭部稍微偏左的氣孔噴口。這隻動物大部分身軀、強壯的尾鰭、下顎、牙齒，全都隱匿在水面下。我不知道牠在那裡停留多久了，牠有可能一直靜臥在水表，或睡覺或前行，而不是從底下浮升上來的。我不知道我們相遇後，鯨魚停留了多長的時間，牠是否立即淺潛入水，跟我一樣吃了一驚，但我此後就沒再看到牠了。我甚至沒有把握自己在漆黑的暗夜裡是否看到尾鰭。我開始哈哈笑了起來，心情暖洋洋地一邊擦去臉上的水珠。這個。這就是我為何不遠千里而來，裹著羽絨被，尋找魂牽夢縈的鯨魚的原因。我對著寒冷的天空放聲大笑，擦去鯨魚呼氣帶來的溼霧，免得待會凍在我臉上。這就是為什麼明明痛苦得要命，卻又覺得如此美麗的原因。所有嘔出來的蘋果、每次令人困頓的濃霧、所有瘀傷、灼傷，都值回票價了。自從小時候迷上鯨魚，抹香鯨便一直是我心頭的重中之重。但是，看紀錄片和閱讀野外指南的圖片，所產生的喜愛，跟在起霧的寒夜，與活色生香的鯨魚一對一共處，差別豈止天壤。

抹香鯨是齒鯨類中最大的一種，牠們是所有卡通畫裡的鯨魚，是海洋巨人的象徵。沒見過水下的抹香鯨，便無法理解牠們的形態。牠們的身體在水表看來像崎嶇不平的小山，當牠們游過海洋時，卻成了優美的曲線，你必須在牠們的環境裡去瞭解牠們。抹香鯨跟我們一樣是哺乳動物，兩者皆從魚類演進而來，肢鰭逐漸演化成四肢，四足動物遷離了水域。然後，海洋哺乳動物再次演化，返回了海洋，但我們仍有一個共通的重要生理特徵：我們都需要呼吸空氣。人類最深能憋一口氣潛到214公尺深，抹香鯨則能經常潛到2,000公尺的深度。對牠們來說，那只是牠們日常覓食的一部分，而不是什麼耐受力的偉大壯舉，也不是用昏迷狀態來影響感知和神經系統，進而掌控身心的方式。我們都有所謂的「哺乳動物潛水反應」的問題，當我們在水裡憋氣潛水，便會經歷心率過緩，即心跳減慢的現象。我們四肢的血管會收縮，因為血液流向重要器官。抹香鯨也是如此，只是牠們能更久地承受這些效應。

少年時的我在感覺沮喪挫折時，便跑去海邊的一個小海灣，海邊周圍的岩石形成了一個水底石窟。那不是海灘，更像是懸崖底部的石頭堆，我到那邊後，會仔細挑一顆邊緣的大石頭，一顆又大又圓，能夠抓得住的石頭。我會走進海裡，先是腳踝感覺一股刺寒，然後涉往深處，感覺自己的皮膚穿過水面。我在水面上淺促地呼吸，然後潛下水，越鑽越深。我來到石穴一側，一片搖曳的大型褐藻森林，褐金的顏色引誘我進入密密交織的林中。我坐在海底，那裡其實不深——最多兩公尺。然後抬頭看著在水面蕩開的光線，斑駁而完美地流動而下。一切在我周圍移動，隨潮汐輕輕搖曳。我陶醉地看著斑斑點點的浮游生物，在光束中漂進漂出，迷醉在自己的舞蹈裡。我將石頭緊抱在胸口，試圖將一切盡收眼底。

在水中，我能感受到地球水域的遼闊。「七大洋」一詞已經過時了。如今一般將海域分成五大洋：北極洋；北大西洋和南大西洋；北太平洋和南太平洋；印度洋；以及南大洋。海域如此之多，分隔的方式以及是否要分隔它們，則取決於文化和語言。不同的區域有不同的感覺，鹽度高低互異，天氣也各不相同。加勒比海區有來得又熱又急的強風（颮）。大西洋的風暴狂野又持久。我從來不喜歡北海的驚濤駭浪。波羅的海鹹重而寧靜。還有不同的藍，從天藍到青金石藍，從明亮到深沉，然而這些水域全都相互接連。我坐在彭布羅克郡海邊，自己的小海灣裡，我好想看到所有的大洋，好想去感受它們。我拚命發揮想像力，去到大洋的邊緣。可惜我的思維漫遊時，身體開始抗議了。現在我的心跳變得緩慢而響亮，哀號著想要空氣、空氣。我開始感到自己頭部的脈動，吸氣的壓力大到都開始耳鳴了，我的肺開始吶喊、尖叫，快吸氣啊，我快爆啦。我會盡可能坐久，直到所有本能都在逼我放下石頭，往上游去。我的頭衝破水面，暢飲甜如蜜酒的空氣，海水則嘩嘩地從我身上流下。

不知抹香鯨在浮出水面，吸第一口氣時，是否也是這種感覺。牠們當然不需要撿石頭；牠們的身體已經完美地適應海深了。事實上，抹香鯨在潛水時會呼出氣體，清空肺部，牠們的肺天生可以縮疊，以適應介於牠們與水表之間，2,000公尺深的海水所造成的巨大壓力，那是我連想都不敢想的。海洋的重量壓在牠們圓圓的頭上，大西洋的水量可不是開玩笑的。抹香鯨把氧氣儲存到牠們的骨骼肌和主要器官中，肌紅素（myoglobin）是牠們主要的氧氣載體，而不是人類血液中的血紅素（haemoglobin），這使牠們能夠獲得足夠的氧氣維生，儘管潛水十分辛苦。

抹香鯨在水下能視物，但聲音是牠們體驗環境的主要媒介。抹香鯨從水面下潛時，先是游過200公尺深的所謂透光帶或透光層（euphotic zone、sunlight zone）。光線在這裡能穿透海水，可行光合作用，海洋生物也能仰賴自己的視覺。再往下深潛，鯨魚便進入弱光帶或過渡帶了（dysphotic zone、twilight zone）。這裡的光線十分微弱，海水開始逐漸幽暗。等鯨魚下潛超過1,000公尺時，便進入了無光帶或無光層（aphotic zone、 midnight zone）。在這裡，鯨魚的世界黑暗無光，鯨魚在墨黑中尋找頭足綱動物（cephalopods）——成年抹香鯨以烏賊作為主食。一般情況下，當抹香鯨抵達光線漸弱的透光帶底部時，牠們會開始發出聲音。透過水下的水聽器，聽到的是一系列的點擊聲：規律而有節奏。抹香鯨是海洋中聲音最大的動物，或者說，在人類干預之前曾經是。噠、噠、噠。我曾在船艙裡隔著船體，聆聽這首規律而令人安心的搖籃曲入睡。梅爾維爾《白鯨記》中的主人翁，日思夜想的，就是這個聲音。噠、噠。巨大，堅定，迴蕩不去。我們可以聽到這些點擊聲，並藉由水聽器記錄下來，但我們還不清楚牠們傳遞的資訊範圍。一般認為，抹香鯨會使用這種規律的聲音，來確定海床的距離。牠們潛水的速度十分快速，若不知道海床的距離，有可能會一頭撞上。我們認為，牠們可以透過回聲定位，建立一個周圍世界的三維聲音地圖，提供本體感覺（proprioception）。這些點擊聲也可用來偵測獵物。我們還知道，牠們以這些點擊聲與其他抹香鯨溝通，不同的族群，會有不同的點擊聲，但我們不知道牠們還說了什麼。

目前正在進行一個雄心萬丈的計畫，也許對於理解鯨魚的發聲，和人類與鯨魚世界的互動方式，至關重要。鯨豚翻譯計畫（Project CETI）結合了人工智慧、工程學、田野調查和語言學分析，不僅為了翻譯鯨魚的聲音，亦是史上首度能對鯨魚回話。至於抹香鯨是否真的想與我們交流，則是另一碼事了。

從歷史上看，我們害抹香鯨吃足了苦頭，捕鯨活動從何時何地開始，不得而知，因為那是一種古老的生存性捕獵方式，全球各個不同沿海區的人同時都在幹這件事。商業捕鯨則可以追溯到巴斯克地區。早在七、八世紀時，人們就在山丘上建立塔樓，俯瞰比斯開灣，尋找北大西洋露脊鯨（*Eubalaena glacialis*，northern right whale）的蹤影了。捕鯨業隨著工業革命蓬勃發展，鯨魚被視為一種資源，人類可以從海中任意捕撈，以獲取利潤。捕鯨成了全球財富的重要因素。1847年，麻塞諸塞州的捕鯨小鎮新伯福（New Bedford）被視為美國最富有的城鎮。他們獵殺所有種類的鯨魚，但尤以北大西洋露脊鯨最被珍視，因為牠們易於追蹤，常在最後一次潛水地點的附近浮出水面，而且容易打撈，露脊鯨被殺後通常會浮在水面，而不是沉下去。鯨油是一種珍貴的商品，提煉後的鯨脂，可用於潤滑機械、油漆、亮光漆、肥皂和皮革製品上。這些原本優雅地在水中悠游的雄偉海洋生物，骨頭被人從屍體中抽取出來，拿去做裙襯和束腹。捕鯨者也很喜歡抹香鯨。抹香鯨頭部腔體中的蠟質物叫鯨蠟（Spermaceti），能製成最明亮、燃燒起來最潔淨的蠟燭。龍涎香是抹香鯨腸道中的膽汁分泌物，受到香水製造商的極力追捧，迄今仍維持高價，一公斤叫價40,000美元。龍涎香或在抹香鯨的內臟中被找到，或偶爾會自行被沖上岸。

小時候我曾興沖沖地在彭布羅克郡的海岸尋找這種來自抹香鯨的寶物。記得我在北海岸阿伯馬爾（Aber Mawr，編按：直譯為大河口灣）陡峭的卵石灘上搜索，希望能找到沖上岸的龍涎香。去沙灘的途中，會穿過長滿藍鈴花、散發野生大蒜香氣的樹林。樹林漸漸稀微，露出海灣，我的眼睛從密葉遮天的斑駁綠光中，慢慢適應湛藍的海色和高遠的天空。我從卵石上往下滑，石頭跟著咚隆咚隆地滾落。下坡向來容易；搜尋完畢後往回爬才叫困難，因為石堆會耗去我的腿力，如同它們減弱波浪的力道一樣，打上來的浪會落到石頭之間，發出唰唰的聲音。

這邊的沙子很黑，有些地方的沙子被沖走後，露出被淹沒的枯林，那些泡軟發黑的枯椿，像一片回到水中的陸地。我小心翼翼越過沙灘，抬眼尋找——也許我是在練童子功吧，以便將來做研究調查時，能掃視水面，搜索鯨魚。有了！我心臟狂跳，衝往那坨蠟塊般的硬物。琥珀色夾著赭色的塊狀物，顯然已經在海上漂流一段時間了，因為邊緣十分粗糙。我好高興終於找到寶藏，找到鯨魚的嘔吐物了，我拾起它，飛奔拿給我媽看。我們在書本和網路上查找，設法判別它是不是龍涎香。我們用打火機燒熱繡針，聽到輕微的絲絲聲，然後看到一縷芳香的白煙升起，所有的跡象都符合了。我輕手輕腳地削下一小片，把它和我的好奇興奮一起包起來，寄到班戈大學（Bangor University）請一位科學家測試。接下來的幾週，我滿腦子想的都是我的鯨魚寶藏。這珍貴的塊狀物高高地供在我的窗台上，那是我渴盼看到、探索和成為其一部分的野生世界。我收到回信後迫不及待地拆開，「很抱歉，您寄給我們的樣本，恐怕不是龍涎香，而是一種未知的蠟狀物質」。直到今天，我還保存著我的蠟狀物，它埋在媽媽家屋中書堆的迷宮裡，是我童年的尋寶回憶。我仍然希望有那麼一天，能在它旁邊放上一塊真正的龍涎香。

人們持續商業捕鯨，捕鯨船和捕鯨方法日新月異。捕鯨業者的思維聚焦在追求利潤，不會去考慮這是一種剝削。他們要的是更多、更快、更好。捕鯨就像一場淘金熱，沒有限制或監管。西方文化將海洋視為永無匱乏的資源，直至最近一百年，我們才開始意識到幾百年來的過度開採，所造成的影響，並採取措施加以遏制。1924年，首度嘗試設監管機制，但由於文化、政治和經濟的差異，使得國際合作困難重重，未能達成共識。1946年，國際捕鯨委員會（International Whaling Commission，簡稱IWC）成立，旨在監管捕鯨活動。全球環保組織「地球之友」（Friends of the Earth）抨擊IWC說，他們是為捕鯨業者的利益行事，而非為了鯨魚。

最初，IWC每年審查捕鯨業者的捕撈資料，然後決定在下次審核前，是否需要進行監管。他們首度設定南極的捕鯨限額和捕鯨季節，限額為每年16,000個藍鯨單位。一個藍鯨單位（Blue Whale Unit）或BWU，包括一隻藍鯨，或兩隻長鬚鯨，或六隻塞鯨（sei whales）。這一單位的量化，乃基於這些生物可提取多少鯨油而定。一開始灰鯨、座頭鯨和露脊鯨都不許獵殺，這些措施旨在保護未來的資源。IWC沒有任何強制力，只能將責任轉交給個別國家，去遵守這些規定。1949年，捕鯨業對外開放了。那年捕獲了2,117頭鯨魚。

到了1965年，海洋中最大的生物——藍鯨，幾乎已經從南極消失了。1970年發生變革，我們星球上的鯨魚，未來也出現了一絲轉機。美國的捕鯨業漸漸失去公眾輿論的支持，環保運動逐漸興起。所有商用鯨類都被列入美國瀕危物種名單，1972年，《海洋哺乳動物保護法》通過，規定任何對海洋哺乳動物的「擄取」行為——定義為任何對野生海洋哺乳動物的狩獵、殺害、撈捕或騷擾——都是非法的，其產品不許進口或出口。這不僅是美國的轉捩點，也是IWC的轉捩點。保護鯨魚的呼聲仍在增長，有人建議暫停捕鯨，但未能在IWC中取得多數票，而遭到否決，但抹香鯨和小鬚鯨的捕撈配額都減少了。美國繼續禁止在國內捕鯨，同時禁止從那些破壞全球保護原則的國家，進口漁業產品。

環保團體的角色變得格外重要，當時來自21個組織，為數五百萬的會員，因為日本和蘇聯的捕鯨行為，而開始抵制所有來自這兩個國家的產品，這些個別行動總加起來的影響力十分驚人。雖然1974年暫停捕鯨的呼籲遭到擱置，但在設定配額時，已開始考慮個別生物的捕撈——根據其種類、大小和性別而進行的捕撈——對生態的影響了。1982年，在禁捕概念提出後的36年，IWC終於呼籲全球暫停捕鯨了，但原住民的狩獵例外。最初的暫停期為三年，但由於多次延期，所以依然有效。日本打著研究的旗號繼續捕鯨，IWC也予以批准，直到2019年；之後日本退出委員會，並將其研究船隻重新命名為捕鯨船。俄羅斯一直在蓄意非法捕撈，對其持續的捕鯨活動進行紀錄偽造和不實回報，卻仍是IWC的一員。其他地區也仍在捕鯨，包括法羅群島、挪威、冰島、格陵蘭和南韓等國。商業捕鯨或許已經大量減少，但造成的破壞是無可彌補的。有幾種鯨魚幾乎被捕撈殆盡。

我在比斯開灣航行的那段期間，曾聽見並目睹長鬚鯨（*Balaenoptera physalus*）射向天空的轟然噴氣。我從開普敦的穆耶角（Mouille Point）觀看南露脊鯨（*Eubalaena australis*，southern right whale）溫和地浮出水面，但我從未見過，也可能不會再見到北大西洋露脊鯨了。當比斯開灣早期的巴斯克捕鯨者開始捕鯨時，這種鯨類的數量還相當多，但國際自然保護聯盟（IUCN）在2018年宣布將該物種列為極危狀態。那一年，他們宣布只剩不到250頭成年個體了，這些個體全聚集在極度孤立的族群中。我駕著露脊鯨號，在加拿大寒冷的水域航行時，一直希望能遇見牠們。

這些海洋巨獸在奮力復原時，我們卻以新的方式，進一步侵害牠們的生存環境，包括環境污染和水下噪音污染。根據IUCN評估的全球鯨目物種中，有22種（包括38個亞種或族群）被列為極危、瀕危或易危狀態。這個數字可能更高，因為缺乏研究，有九種鯨類和兩個亞種的資料不足。雖然我們不再把鯨魚的價值貶為一個藍鯨單位，但我們仍然有可能以牠們的用途，而非牠們本身的價值，來評估牠們。甚至在環保運動中，談到鯨魚的保育時，仍常用財務術語來表達，鯨魚為社會帶來的經濟價值已經被計算出來了。現在我們不再從製作裙襯、束腹和明亮的蠟燭來賺取利潤了，而是從碳儲存的角度來看待鯨魚的價值。一頭巨大的鯨魚一生中，可在體內累積33噸的二氧化碳。鯨魚死後可能會沉入深海，而體內的碳將固存在骨頭中。活的鯨魚也能以牠們的排泄物把碳封存住。牠們的糞便成為表層海水的肥料，協助浮游植物的繁殖，而浮游植物產生了全球一半以上的氧氣，並把二氧化碳交換回去。根據估計，光是商業捕鯨而殺害的抹香鯨數，已導致200萬噸的碳留存在大氣層裡了。對我來說，鯨魚真正的價值，超越了經濟、科學，有時甚至超越了言語。誰會願意活在一個沒有這些壯麗海洋巨獸的世界裡呀？

第一次看到港灣鼠海豚時——這是我看到的第一種鯨豚類動物，在那之前，我連鯨豚類動物是什麼都不知道——我覺得心情好平靜，思緒變成了冥思。世界並沒有停止運轉，還是有碗盤要洗、衣物要疊、有地方得去，但那一刻，我無法離開，我定定地坐在那裡，看這些生物穿游世界。在這個寒冰的夜晚，船邊的這頭抹香鯨確立了我在海上的地位。我的地位很基層，一個更單純，卻又更複雜的層級，我知道這段與鯨共處，跟牠們呼吸同樣空氣的時間，是一種特權。令人敬畏、驚嘆，尊重與崇敬。在那相互連結的時刻，當我們共用一個空間——兩種在許多方面截然不同，但其他方面又十分近似的生物——直到鯨魚的尾鰭朝天空翹起，潛入水中。有時事物就是如此美麗，雖不知所以然，但它就是很美，因為它的存在，世界變得更加美好。

抹香鯨是母系社會，這表示牠們的社會建立在跟媽媽的親屬關係上。雌鯨會留在出生地附近，雄鯨則一生在海中漫遊，牠們通常會前往更寒冷的水域，尋找更大的獵物，使自己長得更壯碩，以爭取交配的機會。雌鯨約於九或十歲時進入性成熟期。抹香鯨的孕期為14到16個月，幼鯨一出生便開始哺乳，平均有兩年半時間以母乳為主食，但有紀錄顯示，有母鯨哺乳到幼鯨13歲時。人們認為，這種延長的養育期對母鯨和幼鯨都有好處，母鯨得以慢慢從懷孕和分娩中復原，然後再次具備生育能力。雌鯨的生育力在40歲左右時大幅減弱，但之後牠依然會是鯨群中的重要成員，壽長可達70多歲。牠不會遭到社會無視，而會成為協力撫養社群幼鯨的女性團員。

抹香鯨的繁殖速度很慢，每隻鯨魚只能產下幾胎幼鯨，牠們會在養育上投注大量的心力。這種「生命史策略」（life-history strategy，譯注：一種術語，描述有機體在自身的生存生長，及其後代之間，分配資源和能量的方式）意味著，抹香鯨被視為「K擇汰物種」，相對於齧齒動物的「R擇汰物種」，後者會大量繁殖子代，但不會長時間撫養牠們。養育一隻抹香鯨要靠整個社群，因為母親無法同時獨自照顧幼鯨，並自行進食。雖然抹香鯨幼崽在出生時，已經有很高水準的發育狀態，能適應牠們所處的複雜環境了，但牠們並不具備成鯨的深潛能力。研究顯示，一歲的小抹香鯨生理上便已具備深潛的特徵，但牠們仍繼續吃媽媽的奶。這表示，長期哺乳或許能使幼鯨發展成功深潛所必備的其他技能，例如識別及成功捕獲獵物的能力，以及捕獵過程中與其他抹香鯨可能產生的交流。當母鯨潛水覓食時，獨自留在水面的幼鯨便很容易成為虎鯨、鯊魚、偽虎鯨和領航鯨的獵食對象，因此社群裡其他雌鯨在母鯨深潛時，便會擔起保護的親代角色。哺乳期間的母鯨也會哺育非親生的幼鯨，若是鯨群受到威脅，或感到有威脅，牠們便會形成一種叫「瑪格麗特陣」（marguerite formation）的陣形，將幼鯨圍在中央，成鯨的頭部朝內，強大的尾鰭朝外環在周圍，以便驅趕和拍擊接近的獵食者。牠們知道團結合作，比單打獨鬥更安全。

有一年夏天，我坐在帆船上的瞭望台裡，俯瞰亞速群島（Azores）的火山群島，皮膚被陽光烤得暖熱。我看著剛浮現水面的母鯨魚為自己的身體補充空氣，鯨魚寶寶們興高采烈地衝向牠們，似乎很高興與媽媽團聚。八月的亞速群島附近海域，到處是游動的小鯨魚。觀察這些鯨魚，很難不把人類的情感投射到牠們身上，感受那種在離開一段時間後，與所愛的人團聚的喜悅。當時我已經好幾個月沒見到我媽媽了，未來的幾個月也不會看到她，因為老媽都待在彭布羅克郡的海岸上。與抹香鯨共處時，我很難不想到母親那邊的傳承，想到事物如何隨時間改變，資訊如何傳遞下來，成為一種傳承。

不久前，外祖母送了我一個盒式墜子——金色的圓墜上有刮傷及凹痕。吊飾正面刻著螺旋狀的符號，背面金屬看起來像被敲打過，但我知道背後的真相。這個飾盒是外祖父送給外祖母的禮物，打開裡面有他倆的照片，二人笑呵呵地站在他們花園裡的老蘋果樹前，凹痕是外祖母不小心一屁股坐到飾盒上壓出來的。外祖父去世不久後，她便把墜子送我了。那時我正在半個世界外的地方航行，沒能見到外祖父最後一面。我無法陪在家人身側，就像新冠疫情期間的許多人一樣，無法親自到小葬禮上相互支持。此時我緊握著墜子，彷彿他們兩人是最後一次在一起。外祖母告訴我，我應該叫人把凹痕敲平，但我不想那麼做。這像是他們故事裡的一部分，那被金屬銘記下來的一刻。

外祖母出生於黑區（Black Country，譯注：英格蘭中部地區，為工業時期的主要煤礦和鋼鐵業區），一條飄著煤塵和鑄造廠味道的街道排屋，工人階級的家庭裡。他們說，那時的白天都被煤灰染黑了，夜晚則泛著鑄造廠的紅光。她談到花園底端的豬仔，花園任何能用的地方都種了菜，充分利用每一吋的空間，如此他們才有足夠的食物可吃。外祖母早早便輟學了，她得工作，家裡需要錢。她說她一直想當老師，但最後因生活所需，當了祕書。她在20出頭歲就嫁給一名警察了，我自己在那個年齡，正在北大西洋尋找北瓶鼻鯨，夜裡被抹香鯨的呼氣噴得一身溼。外祖父母結婚65年後，仍攜手走在街上，直到外祖父去世前，兩人從未分開過一晚。外祖母從沒學會開車，她沒有護照，也從未到英國境外旅遊，她的世界僅限於英國群島的海岸線內。

有一段時間，我發現很難跟她談話。她不再回我的信，因為她覺得自己拼字很差，非常丟臉——其實根本沒有必要，因為我的拼字也一塌糊塗。我經常在國外，因此很少有機會打電話。我覺得我們的生活和經歷相差太遠，我正在體驗她夢想不到的冒險，研究鯨豚動物，追逐著地平線。我的黑夜，被空中璀璨的星子照亮；我的白晝，在斯堪地納維亞的群島之間，或在大西洋另一邊的珊瑚叢中穿梭，航行於湛藍的海洋之上。我全心浸淫在旅程的當下，連自己的動機或對未來的計畫都難以解釋，因為我幾乎沒有所謂的下一刻。

直到某個炎熱的夏日，我去外祖母家探望她，一切才有了改變。我穿著T恤，手臂裸露。多年來我一直在收集紋身、旅行章和徽章，但外祖母好像從來沒見過我手臂上的刺青。我本來以為會挨罵，她卻只是微微地笑。她開始談到她弟弟，舅公也曾跑過船，是商船的海員。她告訴我，舅公在出航前，總是有奇數量的紋身，這是一種承諾，承諾他一定會回到本港刺下一個紋身。我從來不知道有這檔事，那一瞬間，祖孫之間的假設鴻溝，一個我自創的鴻溝，被彌合了。我看到的不再是一個無法理解我的女人，而是一個不曾像我這樣擁有機會的女人。一個瞭解生活穩定的重要性，並犧牲自己，來創造這份穩定的工人階級女性。一個深愛家庭的女性。在這個對讚美不屑一顧的世界裡，她對每個讚美點頭稱謝。她狡黠地微笑著打敗每個西洋骨牌遊戲的對手。或許她不曾環遊世界，但她的一生充實而知足。如今我無論去哪兒，都將外祖母的一部分裝在小金墜裡帶在身邊，就像自己身上的一部分。

我家老媽則離家稍遠些。她從小就是個博物學家，會密切觀察鳥類飛行，拿著鉛筆、墨水和顏料學習牠們的形貌。她是家族中第一個上大學的人，母親的好奇心並未引導她去研究生物分類學和顯微鏡，而是透過藝術去理解自然界。她懷抱熱情，堅毅地追求她的藝術事業，因為她熱愛創作，同時知道任何失敗都得自己承擔。家人很替她擔心，他們無法理解她的志向。母親搬到一座由蜜色石頭蓋成的城市學習，直至後來命運將她帶到了西部。她對彭布羅克郡的荒野海岸一見鍾情，感受到那片土地和海洋對她的呼喚。母親帶著用插畫賺來的儲蓄，買下我們的童話小屋，屋子座落在陡峭的懸崖山脊上，母親在第二個星期就搬進去了。這是用畫作買下的屋子，牆壁和壁爐充滿了各種故事。母親用創造力把自己的世界拓寬，也教我將自己的世界變得無邊無界。

我最深刻的童年記憶之一，就是跟母親一起海泳。我們家附近有一片岩石與波濤相接的灘頭，那邊風浪很大，古老的石頭被時光和潮水磨成粗粒。灘頭沙色極深，是花崗岩。陽光明媚，溫暖了我的皮膚，即便那時，我也試圖保留這種感覺，以抵禦冬天的寒氣。

「來吧。」母親拉起我的手，兩人往海裡走，「妳得感受皮膚上的鹽分」。

我們一起涉入水中，海浪輕拍我們的腳踝，將我們往深處誘去，然後再深一些，更深一些，直到水將我托起。母親拉起我扛到自己肩上，然後往離岸游得更遠，比我以前游去的地方都遠，但我並不害怕。我攀住母親溫暖的身體，她的暖意驅散了我的寒顫。水在四周流動，從我身上淌過，我感受到它的形態和微妙處。那時我並不知道，這份對海的熱愛，會形塑出我的研究、繪畫和文字。水將我從親人身邊帶開，又將我送回了他們身邊。但那種與水共湧、行如流水的感動，使海水住進了我的心中，至今依然。我騎在母親肩上返回岸邊，坐在海灘上吃夏日的甜油桃，一片接著一片，感受大地的滋味。母親把筆放到我手中，把海洋置入我心裡。她教我傾聽世界，在寂靜時刻發現其中的力量與符號。我看著她如何克服心碎，看她在海岸小徑上漫步，以畫筆審慎地在紙上塗抹。她帶我去看潮汐轉換時覓食的鼠海豚，講翻車魚舞動雙鰭的迷人故事，為我讀詩。現在我們經常相隔千里，為彼此寫詩。她告訴我，只要妳快樂，時間就沒有白費。她教我，幸福不是憑空掉下來的，得要天天培養。她教我，要永遠傾聽自己的內心，跟隨自己的直覺。她為我示範，妳可以用自己熱愛之事謀生，去建立自己的生活。她從不逼迫我，只是默默鼓勵，希望我能找到自己的路。

然而，如同小鯨魚一樣，不僅由自己的母親餵養，亦由一群雌鯨共同撫育，我也同樣受到其他幾位重要女性的引導與塑造。瑞秋・卡森（Rachel Carson）和席薇亞・厄爾博士（Dr Sylvia Earle）便是其中二人。

瑞秋・卡森是美國海洋生物學家及漁業科學家，以她1962年出版的作品《寂靜的春天》（*Silent Spring*）最為人知，該書講述殺蟲劑對環境造成的災難性破壞，致使最後美國逐漸淘汰DDT殺蟲劑。其實卡森早在20年前，1941年便出版第一本書《海風下》（*Under the Sea Wind*）了，該書雖獲得好評，卻直到十年後跟著續集《大藍海洋》（*The Sea Around Us*）重新發行時，才獲得大批讀者的喜愛。卡森在這兩部作品中，以細膩的散文，栩栩如生地將整個海洋的風貌，從複雜的相互作用到個別物種，呈現給當代及爾後世代的讀者。她的作品至今仍在許多年輕的海洋生物學家心中燃起火花。卡森的妙筆能將內陸的讀者，從河邊、岸上引至海中。也許她不僅是為了使讀者身歷其境而寫，也是為了自己而作。身為她那個時代的女性，卡森待在海上的時間其實很少。她的觀察來自於長時間待在鹽沼、岩岸和漁港碼頭。她對岸邊的磷光驚嘆不已，在信中寫道，那裡彷彿有著鑽石和紅寶石，珍貴的珠寶像似散落在浪花之中。

由於缺乏親自到海上觀察磷光的機會，她與水手索爾．海爾達（Thor Heyerdahl）等人通信，並閱讀達爾文小獵犬號的航行記述。當她用文字描述這些「令人豔羨」的航行時，你可以聽出她有多麼渴望自己也能加入其中，到那個看不到陸地，只有無邊無際的地平線的大海上。海爾達為她描述近海水域上的明淨月光、散落在甲板上的飛魚，還有當他乘著木筏「康提基號」（Kon-Tiki）朝玻里尼西亞（Polynesia）漂流途中，那些如誘人燈籠般，點亮深處的發光魷魚。卡森在《大藍海洋》中，以「英尋」（fathom，譯注：測量水深的單位，約1.8公尺）來談論水深，而非以公尺，她用人（man）來談論種種的發現，而不是用人類（human），那是一個由父權宰制的性別化世界，較今日更為嚴重。她談到了巨大的抹香鯨，並估計這種大型的齒鯨，應該能潛到540英尋的深度（3,240英尺或987.6公尺）。這是根據1932年，一頭被海底電纜纏死，最後浮到哥倫比亞近海水面的抹香鯨所估算出來的。她談到對人耳來說，大海是一片寂靜的聲景，並提到軍用水聽器帶來了突破性的發現，顯示我們的水域其實是聲音之洋。《大藍海洋》提出魚、蝦和鼠海豚都是海洋交響曲的一部分，其中還有許多聲音有待辨認。如果她能聽到卡噠、卡噠、卡噠，那種由抹香鯨在深海中發出的，最響亮的聲音節奏，不知會有多麼開心。

卡森寫到人類的勘探、開發和殖民，對島嶼的生物多樣性所造成的破壞。船隻帶來老鼠，老鼠吃掉鳥蛋、幼鳥，並摧毀鳥巢，導致當地特有的鳥類物種面臨滅絕。她寫到海平面在上升，猜測洪水將會淹沒海岸，直至潮線抵達阿帕拉契山脈。她的字裡行間帶著無聲的憤怒，同時混雜著一種突破當時科學和勘探的極限，以先進的科技和探險工具，去探索水面和深海的激情。她的作品所欠缺的是，當今海洋相關書籍裡一定會談到的，人類引起的氣候變遷所造成的破壞。卡森會如何看待今日的世界？可以確定的是，我們透過經驗，對海洋有了更深的認識，但人類這個物種所引發並加劇的破壞程度，也同樣顯而易見。我忍不住想像卡森磨著她的劍筆，鏗鏘有力地發出警言，反抗日益加劇的危害。

同為美國人的厄爾博士是位海洋學家、探險家、潛水員和海洋守護者，有時被稱為「深海女王」（Her Deepness），以表彰她對水下探勘的貢獻。她是「藍色使命」（Mission Blue）組織的創始人，擁有博士學位，厄爾博士因對全球海洋探索與保護卓有貢獻，其職業生涯中，共獲頒22個榮譽學位。她是《國家地理雜誌》合作的第一位駐地女探險家，曾被《時代》雜誌譽為「地球第一英雄」，也是美國國家海洋暨大氣管理局的首位女首席科學家。她以充滿信念和激情的方式，談論海洋和人類所造成的破壞，對許多人而言，她的話已成了一種集結號，呼籲個人、社群在政治層面，做出全球性的行動。

她一再重申，地球海洋的健康，就是我們全體人類的健康，這點一直非常吸引我。大自然並非存在於真空中，我們對自然界造成的破壞，會反噬我們賴以生存的結構，也就是生物的多樣性。厄爾博士的探索之旅始於佛羅里達礁島群（Florida Keys），她小時候會在海草床待上好幾個小時，探索那裡發現的生命，可惜後來這些草床從海中被人「奪回」，人們將水排乾，把海草床變成了停車場。倫敦自然歷史博物館採訪厄爾博士時，請教她個人該怎麼做，才能保護海洋時，她回答說，我們需要審視自己的優勢和長才。她表示保護行動可以透過科學、探索、政府及政策去做，也可以藉由藝術、文學和詩歌來實現。我們都必須檢視自己最能做出貢獻的地方，一旦確定之後，便須著手行動。她提倡以自然為基礎的解決方案，強調即使生活在最偏遠的內陸地區，也可以先從尊重、保護並恢復我們周圍的大自然，來幫助海洋，這將反過來幫助全球的生物多樣性。她談到每個人都具有影響周遭世界的力量，無論是正面的還是有害的。

厄爾是一位先驅、科學家，她認為自己應該參與男性主導的對談。我在紀錄片的訪談中，聽到有人問她，為什麼1950年代，18歲的她要選擇追求海洋科學職業，而不是去談戀愛結婚。厄爾在攻讀博士學位時，受邀參加前往印度洋的遠征隊，去收集我們能在海洋中找到的海洋生物資料；《蒙巴薩時報》（Mombasa Times）下的標題是：「席薇亞與70名男子一起航行，但她覺得那不是問題」。當她在哈佛看到宣傳單，誠徵潛水員到美屬維京群島的水下棲息地待兩週，參與「玻隕石」（Tektite）研究計畫時，立即報名參加，她壓根沒想到籌辦人員未料到會有女生申請。雖然厄爾遭到「玻隕石」計畫第一期的拒絕，但在項目重啟後，厄爾及其他四位女性都獲准參加了。紀錄片《藍色任務》描繪厄爾博士部分生平與工作，當時的報紙頭條寫著：「五位姐妹淘一起潛水，只帶一把吹風機！」雖然女性在科學界面對的障礙比男同行更多，且新聞界和社群媒體對女性的態度還是很荒謬或糟糕，但自從厄爾入行後，已有了許多改變。她本人對改變科學界關於女性的看法，有重大影響。面對一些輕浮的採訪問題時，厄爾會巧妙地轉移話題，神不知鬼不覺地把對話引回海洋的議題上。她興趣廣泛，博學多聞，從對單一物種的瞭解，到廣泛的海洋學，都難不倒她。除了她在海洋研究中的影響力外，她在這一領域的存在，也激勵更多女性追隨她的腳步。

在露脊鯨號上的靜謐夜晚，當船帆張起，風勢穩定時，我常回想厄爾在各大洋上的研究之旅，心想著不知道我能擁有何種親密而獨立的海洋經驗。厄爾的研究是在大型鋼鐵內燃機輪船上進行的，她沒有參與船隻的駕駛或日常維修。但我們的小帆船，露脊鯨號，則是完全不同的設置，她是一個漂浮的實驗室。大夥輪流駕船、揚帆、記錄航行日誌。雖然所有來自水聽器的聲學資料，都被記錄到硬碟上供日後分析了，但我們得小心翼翼地監測電力的供應。航行時，機器會繼續消耗電力，船隻的導航設備亦是如此，但我們沒有備用發電機或太陽能。所有目視觀測的資料、海況和海面溫度的環境紀錄，都以手工記錄在防水紙上，然後小心地夾到夾板上，以免被風吹走。我們做飯、導航、升降船帆，必要時收帆，並隨時隨地進行觀察。我們夜夜不得休息，若有東西壞了，除了船上的五個人之外，沒有其他人能幫忙修理。這是一份辛苦的工作，但能事必躬親，很有成就感。這兩種研究方式並無所謂的優劣好壞，只是經驗不同罷了。

航行接近尾聲時，我心中五味雜陳。我渴望能洗個長長的熱淋浴，脫掉那些似乎比我的皮膚還要緊黏在身上的保暖內衣。我迫不及待地想有一夜好眠，但我知道自己會懷念船組人員，大夥的親近感，和在航程中形成的各種怪癖。我會懷念鯨魚的陪伴，我們能聽到牠們在深海交流的聲音，而參與了一場我們無法理解的對話。我想聞到荊豆與石楠的香氣，把手指探入土壤裡，吸收大地的氣息，但我知道自己將懷念在月光下順行數小時，感覺整個世界盡屬於你，且僅屬於你的時光，以及聽海洋低聲訴說各種故事。夏天即將結束，秋天將帶來變化。

這是我第一次當全職學生，不知待在坐滿學生的講堂裡，會是什麼感覺，那些17、8歲學生正是試圖離家自力更生的年紀，也許是他們生平第一次離家吧，我們將一起學習鯨魚相關的知識——而不是到海上與牠們共享空間。不知道自己是否還有時間觀賞每一次日出與日落。我知道我需要用這種更具結構性的方式去學習，但我好怕回到陸地的自己會格格不入。大夥繼續順著航道行進，我巴不得能拉長距離，延緩時間，更何況我們的任務感覺還未完成。

在那次航程中，我們一直沿著1,000公尺的等深線航行，海床就在我們底下一公里的深度，距離紐芬蘭岸邊300海里。這片區域很適合北瓶鼻鯨棲息，北瓶鼻鯨是「喙鯨科」家族的一員，但以前從未有牠們在那裡生存的紀錄。幾個星期下來，我們一直拖著水聽器航行，晝夜不停地每隔15分鐘便聽一次，查看能否探測到牠們的叫聲。費爾博士告訴我，實驗室資料分析顯示，我們其實遇到過鯨群，但要麼我們沒認出牠們的叫聲，要麼牠們的叫聲跟我們的監聽週期沒有重疊到。有一點可以確定的是，我們並未在水面上看到牠們。行程僅剩下幾天了，我們前往古利海溝（the Gully），這是新斯科細亞省（Nova Scotia，譯注：加拿大東南岸省分）海岸附近的一個海底峽谷。先前的研究已經確認，自1980年代末首次發現這邊有一群北方瓶鼻鯨後，牠們一直表現出高度的棲地忠誠度（site fidelity）。在大西洋花了一整個夏季追蹤這些捉摸不定的生物後，我渴望能一睹牠們的風采。我們往南航行，天氣變得越來越暖，我也越來越意識到自己身上散發出明顯的人類氣味，而不願脫掉衣物了。航程最後幾天的日落壯麗無比，那些絢爛的色彩烙印在我腦裡，是落日餘暉染紅燙金的水面。我們邊吃晚餐，邊盯著地平線，等待傳說中的綠光，那是太陽西落的瞬間，偶爾會閃現的色彩。每頓飯的蔬菜量越來越少了，我們用僅存的蔬菜變化各種花樣——你會很訝異芹菜能混入多少菜色裡。

大約中午時，船上有人大喊，「喙鯨！」我不記得是誰先看到了，只記得自己興奮到不行。喙鯨屬於喙鯨科（*Ziphiidae*）家族，是難得一見的寶藏。牠們是研究最少的鯨類家族，據知其潛水深度最大，甚至比抹香鯨潛得更深。近海棲地通常很難發現牠們，水面的行蹤更是飄忽不定，難以接近，往往在你意識到牠們的存在前，便已潛入水中了。我與喙鯨的相遇大多出於偶遇，當天氣惡劣到讓人覺得根本不值得花力氣觀察時，牠們卻活力十足地躍出水面，然後轉瞬又消失於狂亂的海風與浪濤之中。北瓶鼻鯨則是例外，牠們有的很愛交際，而且是出了名的愛接近船隻，這雖使牠們更容易研究，但也使牠們易受到捕鯨的威脅。我悄悄爬上桅杆，取得更好的視野。一開始，我看到一道淡灰色的影子在水下移動，長度超過船身一半。我的視線搖擺不定，因為我從瞭望台上探出身子，台子晃個不停，加上自己又非常激動。我抓住吊索穩住自己，看著鯨魚浮出水面，牠的頭先衝破水表。淺灰色的皮膚在陽光下閃閃發光，牠有著像海豚的喙鼻和凸起的頭部，凸出的額頭幾乎與鼻子成90度角。接著牠噴氣了——安靜輕巧的呼聲——接著出現牠優雅的彎背和背鰭。呈鐮刀狀的尾巴則留在水底下，鯨魚輕鬆地游在船前。我們面前還有三隻動物匯集在一起，牠們悠悠地打著轉，然後轉身靠近我們。大夥看著這群鯨魚，鯨魚也回望著我們，兩種哺乳動物相互認識。

然後我們便展開工作了。那天接下來一片模糊，大夥忙著盡可能幫費爾博士收集資料：動物的ID照和用於基因分析的樣本得立即放入液氮中，以便運回實驗室。在收集動物的相關資料和干擾牠們之間，有著非常微妙的平衡，因此費爾博士把我們與鯨群互動的整個過程拍攝下來，幫助我們保持可接受的最低干擾程度，我們不斷監測牠們的行為，尋找受到干擾的跡象，例如拍打尾巴。

當我最後一次躺在露脊鯨號的床鋪上時，我意識到未來還有很多事情要做，我需要在海上累積經驗，才能培養出我所豔羨的老水手熟練技能，但我覺得自己的方向已經設妥了，我該返回岸上，去學習海洋的新視角了。我在露脊鯨號的時光已經結束，但對費爾博士而言，這才只是開始：她在海上待了四個夏季後，終於在紐芬蘭東北部水域裡，找到並研究北瓶鼻鯨群了，以前都只是從漁民口中聽聞而已，卻一直未能找得到。接下來的一年，博士做田野調查時，回到我們曾經探測到聲音的同個地點。這回她看見鯨魚了，而且還做了採樣。2017年她再度回去，針對同一區域做調查，並持續看見鯨群，包括成鯨與幼鯨，因而得出結論，這片區域是北瓶鼻鯨的重要棲地。她的研究有助於未來這片區域的鯨魚保護工作。

我最近與費爾博士敘舊，談到我們在露脊鯨號上的共同經歷，並討論她的論文和出版品。她說她把論文獻給了女兒艾娥妮（Ione），並說到因為責任分擔與家裡的支持，才使她能夠兼顧野外研究與養育子女。我再次想到抹香鯨的雌性族群，想到牠們社群合力撫養幼鯨，想到家人給我的支持，想到外婆、母親與我之間的關聯，以及我從女性科學家前輩們身上得到的啟發。跟費爾博士談話時，除了她的學術成就外，令我印象良深的是她談到與鯨共處時的方式，那種方式令我久久難忘。她談到自己對未知事物的喜愛，以及這在21世紀的生活中，有多麼可遇不可求。當你啟程展開野生動物研究之旅，尤其是到海洋哺乳動物的自然棲息地研究牠們時，你真的不知道會發生什麼事，會有怎樣的互動。她談到人類遇到大型哺乳動物時，所體驗的多巴胺分泌，以及與鯨共處時的由衷歡笑和至純的喜悅。能夠在牠們的領域中待上一陣子，是何等的殊榮。

第三章　人類

陽光射透露營車的擋風玻璃，光束中微塵飄舞。輕柔的潮聲嘩嘩地填滿我的耳裡，為這個晴天湛藍的日子定了調。空氣蕩著暖意，冬寒中透出一絲絲的春陽。光線耀眼、嶄新。我家的柯利牧羊犬輕嘆一聲，伸伸懶腰，而我起身下床。那天早上不需要在小火爐裡生火，所以我開始攪拌做鬆餅的麵糊。熱咖啡、藍莓（果皮都裂了，露出柔軟的果肉），我把楓糖漿倒在所有食物上，那股甜香恰如陽光。我推開滑門，熟練地輕踹一下，讓門滑過軌道上老是卡住的地方，然後坐到台階上，牧羊犬歪到我身邊。

我們望著一片海灘。沙灘被腐爛的木製丁壩（wooden groynes）隔成好幾個區段，以限制砂石等沉積物沿岸漂移。丁壩從沙地裡突起，從水中冒了出來，最終一點點地被北海吞沒。藍天沒入藍海，地平線上停了兩艘橘色的油輪，塗成一抹豔色。我們的背後是醜陋的建築群，那是現代亞伯丁（Aberdeen）海濱的一部分：一棟棟的公寓、得來速速食店、低價雜貨店和超市。若是望向大海，你幾乎能忘掉它們的存在。我和我家狗狗住在這裡，住在蘇格蘭東北部海灘上的一輛露營車裡。我正在讀大學——一間有古舊的石頭建築、彩色玻璃窗，爬滿長春藤的學校——透過數字、統計學去學習海洋，並研究我所喜愛的生物的解剖學。

露脊鯨號的航程結束後，我對這個新環境適應得相當辛苦，原本由天氣來決定的日夜，變成了按課程和講座來安排的時程。周圍有人時，我常感到疲累和擁擠，生活塞到快炸裂了——我試圖在學業中找到自己的定位，同時還要為自己的課程籌錢。有時我在實驗室剛解剖完魚後，必須直接衝去教晚上的瑜伽課，一邊希望自己身上沒有鱗片，也沒有實驗室裡的腥味。然而能待在一個定點，專注於一件事上，也是一種解脫。住在城市邊陲，我擁有自己的空間，也能自由支配自己的時間。我漸漸開始找到自己的方向了。

我的早晨始於海邊或海裡，我游泳或衝浪，然後騎腳踏車到大學讀書。我每週五帶狗狗去凱恩戈姆山脈（Cairngorms）或蘇格蘭諸島玩耍，發掘既新鮮又熟悉的景色。我們上個週末才去了天空島（Skye）。我在海邊，那個像地球的黑牙般，伸向天空的庫林山脊（Cuillin Ridge）前，發現了一頭死後被沖上岸的小鬚鯨。這頭生物，跟我九歲時見過的抹香鯨，處於完全不同的腐敗階段。牠的肉還附著在巨大的脊骨上，精瘦而蜿蜒地懸掛在棘突上。鯨魚的喉部大多已經消失，胃部裂開。微風將最可怕的惡臭都吹走了，因此我能勉強靠近，辨識構成這龐然大物的各個部位。接下來幾個月裡，其餘的鯨肉將從骨上脫落，被鳥類和食碎屑動物剔淨，直至僅剩骨架，成為那片孤立沙灘上的一座白色雕塑。也許它會再度被沖回大海，再次安息於水世界裡。也許我會跟隨它返回大海——但時間還沒到。我仍沉浸在我與北大西洋的鯨魚相處的時光中：抹香鯨在夜裡噴濺的水氣；虎鯨穿水而行的威武黑鰭；以及柯氏喙鯨（Cuvier's）浮出玫瑰色海面時，小巧而彎曲的背鰭。

每天晚上，我都會點起露營車裡燒木柴的小爐子，關上車門，跟我的牧羊犬蜷在一塊兒，牠柔和的鼾聲跟水聲一樣令人心安。這輛露營車是我在家門之外，第一個真正感覺屬於自己的空間，或許因為我從老家帶了許多東西過來，無論是身體或精神上的。露營車的廚房流理台和櫥櫃，是用以前放我家廚房裡的舊威爾斯櫥櫃改造成的，餐桌是舊松木箱的蓋子，以前放在我家門廳裡擺冬季的毛衣。當時我所有的世間財物全塞入那個小空間裡了：一抽屜的顏料，一矮櫃的書，綁在車頂上的衝浪板。我的東西不多，但需要的也很少。小小的燒柴爐只能塞進劈過三次的木頭，但足以使我們溫暖一整個蘇格蘭的冬季，在清晨匆匆洗過澡後驅走寒氣，讓夜晚倍感溫馨。

那天吃完早餐後，我爬上露營車頂，一隻腳踩在副駕駛座上，用力一拉，把自己盪上去。我小心翼翼地避過供電的太陽能板，卸下一塊衝浪板，垂放到地上。我把自己塞進潛水衣裡，昨天的溼氣未乾，冰冷得教人難受，然後把腳套進橡膠靴中。我沒戴手套和頭套，這是我今年第一次這麼做，好享受灑在臉上的陽光，以及少去頭套阻隔的水聲。我朝海灘南端走去，就在北碼頭彎進港口入口的地方。我來這個城市的第一天，就和我的牧羊犬到這裡散步了，我驚詫地看到一隻座頭鯨斑駁的灰尾巴，牠就住在港口附近，而且顯然沒被來來往往的船隻嚇著。我有種自己來對地方的預感，雖然我常看到港口入口附近水面會探出瓶鼻海豚（*Tursiops truncatus*）的鰭和背，或看到牠們水下漂動的身影。

看到這些野生水域裡的生物，與海濱岸前的高樓大廈如此接近，感覺十分詭異：牠們在水中流暢而光亮，與在水面映出薄光的大樓金屬及玻璃的剛硬線條並行而存。亞伯丁港本身異常繁忙，是英國和歐洲北海石油及天然氣的最大供應中心。油輪不斷地進出航道，還有運送船員和物資的小船。亞伯丁港擁有一支捕魚船隊，也是北線渡輪（NorthLink Ferries）的出發點之一，將奧克尼（Orkney）及昔得蘭（Shetland）群島與本土大陸連接起來。這裡的瓶鼻海豚被視為當地居民，牠們是英國及愛爾蘭沿海的三個族群之一。其他兩個族群分別位於卡迪根灣（Cardigan Bay），就在我從小長大的彭布羅克郡北邊，以及愛爾蘭西海岸。蘇格蘭東北部的這個族群，最北游到莫萊灣（Moray Firth），延伸至亞伯丁以南的泰灣和福斯灣（Firths of Tay and Forth）。由於該處長期進行攝影識別研究，莫萊灣已被冠上特殊保護區（SAC）之名，為瓶鼻海豚的棲地提供一些保護，以防止沿海和近海的開發擴張，但瓶鼻海豚出現在亞伯丁港入口，說明了保護區可能還不夠大。

沿岸的瓶鼻海豚會生活在能找到獵物的地方，亞伯丁港位於長期以來盛產鮭魚的迪河（River Dee）口。有關亞伯丁瓶鼻海豚的一項研究發現，這些海豚會沿著深邃的航道，追著大型船隻進入港內，獵食被船隻螺旋槳攪起的魚群。雖然海豚似乎已經學會與來往的船隻共存了，但這確實會改變牠們浮出水面的模式，有時導致呼吸變得急促。有的海豚學會暫時避開某些繁忙的區域，這些海豚有很多可能因為船隻的出現、水中噪音的提高、餵食及社交時間受到干擾，而長期受到壓力；從長遠來看，可透過觀察這些海豚的繁殖率和幼崽的健康狀況來證實這點。但對於我們人類來說，要準確指出或認識到自己生活中的壓力，已經很困難了——我們很容易把壓力視為常態——更別說是在不借助侵入性方法，造成更多壓力的情況下，去識別並研究野生水生哺乳動物的壓力了。

水的記憶比空氣更久，寒冷殘酷地刺痛我裸露的雙手。玻璃般的水面，波動甚微，水裡已經有一些人了，他們穿著厚厚的潛水服，像海豹似地在水中沉浮。大夥友好地點了點頭後，彼此保持距離，各自滿足於當天自己所擁有的一方天地。天空映在海上，天堂封在了水裡，隨水面輕輕蕩漾，恍若仙境。我扭頭看到肩後有一道浪滾過來，我挑準浪頭開始划水。水迎向我時，我加快速度，然後在那機不可失的瞬間乘浪而起，穩健地飛越水面。我不知道這看起來會是什麼樣子，但我覺得非常優雅順暢。感覺很對。

我看到前方有道灰色的身影，一隻碩大的雄海豚背鰭破水而出，與我一同乘浪滑行。在那個完美的瞬間，我們只是兩隻朝往岸邊，共享浪潮的哺乳動物，純粹地享受生命的喜悅，無需任何理由。那天早上我有一堂細胞生物學考試，占這門課分數的五分之一，但我捨不得離開大海。我知道就算沒拿到分，我的表現應該也夠通過這門課了，如果有事以後再設法彌補吧，反正我是留定了。當我們接近淺灘時，海豚不再前進，我也從浪尖上下來，再次划水出海，我的速度比那位靈巧的夥伴慢得多了。我接住一波波的浪，直至手臂酸軟，雖然後來我都獨自騎行，但上岸時卻滿臉笑意，心懷感激與謙卑。我在工作時一向知道，把人類對鯨豚世界的侵擾擬人化，是很危險的，但這次與野生生物邂逅，卻有種巧遇感——覺得海豚自願與我分享空間，我在水面滑行，而牠則自水下掠過。

海洋變幻莫測，轉瞬便能發生劇變。潮水、風向一轉，或天氣鋒面撲來，最棒的天氣可能就會變調。我不知道自己如此熱愛大海，是不是因為從中看到了自己：在波瀾起伏的水面上看到了自己的倒影；或者我只是從養育我的水域中學到了自己的生活方式。那完美的一日——在陽光下吃鬆餅，與海豚共游後的一個月，一切感覺都不同了。天氣暑熱，空氣悶到彷彿能拿來嚼，雲和熱氣互看不對眼，一場暴風雨即將引爆。我的頭越來越疼，額頭隨著氣壓計陡降而壓力飆升。空氣、海水產生了變化，亂攪的浪潮湧向沙灘。雖然我還不清楚自己內心發生什麼改變，卻意識到變化才剛萌芽。我從小就知道這種感覺：你生活依賴的一些基礎，可能瓦解成未知的碎片，然後新的東西方才又慢慢建立起來。

我從小便聽過一個凱爾特的民間故事。我會跟著母親和老哥走出小屋，沿石鋪的小路走到山頂。我總想超前他們，第一個先抵達山頂，去看展現在眼前的浩瀚大海。我們走左邊的一條小路，前方就是卡恩利迪（Carn Llidi），一片數英里長的高地，黃昏斜光中，卡恩利迪的剪影會一直延伸到海邊。小路穿過一片荊豆，小馬時不時地在路上穿梭。荊豆叢之後是蕨類植物，若在春末仔細觀看，便能找到掌裂蘭（marsh orchid）的紫色小花瓣。下坡後就到我們的目的地了，那是一個廢棄的村莊，梅斯伊姆尼德（Maes y Mynydd），意思是山上的田野，山邊之地。該定居點可以追溯到1829年，當時是海邊一個貴格教徒的村莊。這裡的居民跟彭布羅克郡的許多貴格教徒一樣，被趕走後就再也沒回來了。傳說當時的地主為了趕走他們，在村莊的水井裡下毒，用毒水對付他們。村莊在歲月中靜靜崩壞，砌石塌倒，門楣被海風吹朽。我記得最後一根大煙囪倒塌時的情景，原本為家中核心的大壁爐，為一個已經空了幾個世紀的地方，畫下奇怪的句點。我們小心翼翼地走在斷壁殘垣之間，尋找能夠擋風的地方。母親告訴我們，她的村民故事版本，還有她第一次走在這些小徑時的各種想像——與賁格教徒無關，而是一個村民和海豹女（selkie）的故事。海豹女不是母親創造出來的，但無論這個故事出現於何處，結構都差不多，只是細節會隨著時間和敘述方式而有所差異。海豹女，成為妻子的海豹，來自大海的女人；有的是被偷來的新娘，有的是幸運符，有時兩者兼備。母親有她自己的故事版本，就像我也有我自己的版本一樣。

這是個關於漁夫和海豹女的故事。漁夫為人沉默寡言，眼神深邃，他住在世界邊陲的村子裡，過著單純無憂的日子。他打魚、照料自己的花園，養蜂，養羊擠奶，夜裡坐在火堆旁逕自吟唱。他有漂亮的嗓音，據說能迷住水中的魚兒。

某天晚上，壁爐裡的火逐漸減弱時，風聲和月光開始召喚了，呢喃之聲穿透窗戶，鑽過門縫底下，引領漁夫離開床榻走向海邊。他踏入夜色中，頂著明亮的月光，穿過陡峭的懸崖小徑。漁夫坐到海岸的卵石上開始唱歌，輕柔的夜裡，歌聲悠揚。

水中有一雙黑眸，漣漪泛起，一名海豹女游向淺灘。游著游著，她奮力抬身，然後拖著身子爬過鵝卵石，來到沙灘上。她行止笨拙地從海裡來到陸地上後，皮毛似乎在繃緊、擰動、拉長。水亮的皮毛開始脫落，露出柔軟的皮膚。鰭變成了手臂，就在她匍匐爬行時，原本在海中游擺的尾巴，開始扭曲並生長，化成了可以用來行走的雙腿。漁夫以為自己睡著了，便在夢中肆無忌憚地走向她，嗓音也放得更大。他以為這隻海豹，這個女人，這名海豹女，會被他的出現嚇著或逃開，因為她發現自己是被漁夫的歌聲喚上岸的，就像被他引入網中的魚兒一樣。

當漁夫深邃的目光與她幽灰的眼睛對上時，女人嘴角露出邪惡的微笑，漁夫才發現，原來他不是獵人，而是落入陷阱的獵物。女人凝視著他，堅定地伸出手，漁夫吸口氣接過她的手，兩人開始翩然起舞。他們的舞步如大海遇見海岸般地熟悉，他們繼續跳著舞，直至黎明的晨霧開始降臨，陽光照亮了東方。

天色漸亮時，漁夫確信美夢將碎，海豹女會消失，而他將在床上醒來。然而其實不然，漁夫在混亂中踏錯了一步，舞便接不下去了。她的海豹皮攤在他身側，上面是斑駁的銀和墨黑。漁夫拾起海豹皮，轉身欲遞給女人。柔滑的毛皮與平日用手指觸摸的粗羊毛截然不同，摻揉了月光、天鵝絨、祕密和水。

「如果你願意的話，你可以拿去好好保留，但僅能保留一陣子。」

他知道海豹女的故事，知道這是什麼意思。如果一個男人在海豹女變形時，偷走她的海豹皮，便能將她留在陸地上據為己有，成為從海裡偷來的寶物。但漁夫不是小偷，也沒有捕獵的欲望。然而她卻在這裡提出交易，表示願意留下，但只待一陣子。

兩人一起回到村莊，她把海豹皮收到床尾的箱子裡。那天和整個晚上，漁夫便不管他的漁網和花園了，小屋的牆壁圈出了他們唯一的世界，只有他們自己知道這段時光是如何度過的。村裡傳出一些流言蜚語。那些挨近小屋的人聽到漁夫拉奏提琴，聽到他的歌聲。除了琴音流瀉的樂聲之外，還有一首新歌，一種新的聲音。大家雖拉長耳朵聆聽，卻聽不懂歌中的語言，那種語言強大深沉，飽含著一種既難以理解，又無法忘懷的美與複雜。那聲音雖然充滿張力，聽上去卻十分孤獨，像盤桓不去的回音，伴隨著勸慰的搖籃曲。

翌日早晨，兩人在白日出門，村民們躲在陰影中竊竊私語並觀望。也許他們聽到的是她的聲音。一開始，謠言四起，但後來隨著海豹女融入漁人的日常，大家便把她視為漁夫的妻子，謠言就逐漸平息了。時間流逝，沒有人記得她何時到來；對大家而言，她一直都在。她與漁夫生活在一起，兩人共同建立自己的生活。

當他們的孩子出生時，兩人開玩笑說，不知孩子會長鰭還是腳。那是個完美的女嬰，擁有母親超凡絕俗的美，和父親淡綠色的眼眸。她的聲音帶有父母雙方的特色，那是海水與陸地相接的聲音。她在水中身手矯健，在陸地上卻也不遑多讓。她的母親從不向孩子隱瞞自己的身分和出處。海豹女打開箱子，向女兒展示自己的毛皮。毛皮的色澤令女孩驚奇，她感受到它的重量與光滑。父母都出海捕魚的夜裡，女孩會裹上海豹皮，想像自己在浪濤之下。當她走出村子坐在岸邊，她會呼喊看到的所有海豹，想知道牠們是不是自己的親戚。

「媽媽，我會成為海豹女嗎？」一天晚上，女孩在火堆邊問道。

母親停下手裡的活，抬頭說。

「妳有妳自己的人生，孩子。妳的道路由自己選擇，但選擇後就必須走下去。我只能告訴妳，日後妳會瞭解自己的本質，而違背自己的本性是件困難且危險的事。」

這番話似乎異常沉重，女孩的母親眼中淌下一滴淚水。

「母親，妳為什麼哭泣？」女孩問，她好害怕聽到答案。

「潮水變了，我的孩子。樂聲緩下來了，也許舞蹈終於要結束了。」

「這意思是……」

「別擔心，妳一點都不必擔心。即將結束的是我在陸地上的時光，而不是與妳在一起的時間。」

那天晚上漁夫醒來，身邊的床位餘溫猶存，卻空無一人。他起身看到床尾的箱子開著，裡頭已經空了。漁夫走到屋外，海豹女就在海灘上，夜空下裸裎著皮膚，凝視大海。漁夫走近時，海豹女轉過身，她風暴般的灰眼再次與他淡綠色的眼眸對視，海豹女伸出手，兩人開始跳舞。舞步有了不同，不再是獵人誘捕獵物的感覺，而更像是一種共鳴、熟悉、幸福、悲傷、失落與找尋。他想說話，想求她留下來，想要求這一夜永不結束。但他明知夜晚終有結束之時，當曙光升於東方時，他們發現自己來到了水邊，她的皮毛鋪在岩石上。

「我在這裡的時光結束了。我的骨頭太過沉重，我深知自己必須離開。我不會再上岸了，可是你到海上時，請為我唱歌，我一定會聽得到。」

他知道，他一直都知道，愛上野物的人，必須要能夠放手。

「我會的，我會每晚唱歌。」

說完最後一番話後，海豹女開始走向淺灘，她越走越深，皮膚泛起波紋、一邊伸展一邊變化，最後她的頭沒入水中了。當她再次浮出水面時，冒出海面的已是一顆光滑的海豹頭了。漁人目送妻子越游越遠，盼她能回頭看一眼，卻知道她不會回眸。她現在是海豹了，他的妻子不見了。

漁夫回到小屋，緊緊抱住女兒，他知道自己的海豹妻子永遠不會回來了，心中一陣空虛，卻也有種終於結束的感覺：她曾許諾僅留滯一段時間，她實現了諾言，這場循環終於結束了。她在離去時，為他留下世上最珍貴的東西：他們的女兒。他不需要向女兒多做解釋；她已經知道了。漁夫整日抱著愛女，那天晚上，女兒用歌聲哄他在火爐邊入睡。

漁夫很快地恢復在村子裡的日子，像樹根一樣地穩固而安定。他的妻子從他記憶中淡出，村民們也都忘記關於海豹女的一切，只記得她的女兒。那深色的皮膚，深色的頭髮，灰黑的風暴眼，但笑聲卻如夏日般歡朗。他們有時會想起女孩的母親曾與她在一起，而且跟女孩一樣美麗。

女孩的命運是另一個時代的另一個故事，但漁夫和海豹女的故事以自己的方式，成了我生命裡的一環。我這則故事的魔幻和神話色彩較少，但多了爭吵，我父母的婚姻破裂了，但當時我還太小，無法理解，如今我幾乎想不起他們在一起的模樣了。我倒是對隨之而來的傷痛與困惑，記憶猶新，我壓力巨大地哭著穿梭於兩個家庭之間，直至生活逐漸穩定下來。我是學校裡第一個父母分居的小孩，在寧靜的海濱小鎮，婚姻分裂是人盡皆知的大事。其他孩子對這種異乎尋常的狀態感到好奇，有一天，母親送我上學，有個小孩問她為什麼不戴婚戒。

「哦，那個呀。」她說。

老媽把婚戒拋到懸崖外，丟進愛爾蘭海了。

「它現在跟海豹女們在一起了。」

我會沿著懸崖頂，凝視海豹群，心想牠們會不會是海豹女。我希望等我回家時，我的故事就只是一則故事，而不是混亂的現實。後來在我的人生裡，海豹女的故事，很能呼應我在陸地與海洋之間拉鋸的心情，然而在我小時候，我將這種拉扯跟在兩家之間往返做聯想。我離開海濱小屋的那幾週，會住到城裡的一間公寓，遠離我的貓咪、閣樓房間、暴風雨和燈塔，我感到困惑而徬徨——街燈取代了燈塔的光束，絲毫無法撫慰我深夜的思緒。於是我扭開海上天氣預報廣播，讓那重複的語調帶我去往各個地區。我愛我父親，我很想和他在一起，但我不想離開家，離開我的海濱小屋。我討厭這種情況，但更討厭改變。

所有童年時的感覺，現在又開始在我身上湧動了，因為我感覺到與愛侶的關係起了變化。我曾經覺得他是我最好的朋友，我們一起長大，一起工作，一起航行。我們一起把一輛原本用來運送蔬果的廂型車改裝成我們的家。我們曾長時間地聚少離多，各有各的航程，還有我的學業，但我們跟其他彼此相愛的年輕戀人一樣，給予對方成長的空間。這種熟悉感和伴侶關係，是我賴以打造生活的基礎。然而現在關係崩解了，22歲，充滿激情的我，感到極度的憤怒。我生他的氣，生自己的氣。所有一切，其實就是兩個人都陷在對彼此期望的假想中，結果看不清實際情況罷了。年輕時的心碎很可能就只是邁向成年的一個階段，然而接下來發生的事，卻使原本就有點徬徨的我，越發地無所適從。

我跟往常一樣，到海裡尋找慰藉，一頭鑽進暴風雨中的碎浪裡。海浪又陡又狠，但我也是個狠人。我划水划到手疼，心臟狂跳，呼吸粗重，但一穿過浪裂線後，我的腎上腺素便消失了，原有的憤怒和挫折變成了困惑。灰色的巨浪在我周圍堆疊，我左顧右盼，扭頭張望，試圖解讀海況。水表看不出任何線索，所有聲音聽起來都像怒吼。我瘋狂划水，害怕地拚命設法衝浪。有一小會兒，我隨著海浪滑行，然後我退縮了，我不是故意的。我覺得身體不受控制，但為時已晚，浪濤還是將我捲走了，浪尖碎濺時，我頭朝下地翻滾。我浮出水面，大口喘氣，眼睛和鼻子裡全是水，我抓住衝浪板再試一次，又試，再試一遍。我辦不到，我就是衝不了浪，老是抓不準位置，弄不清上下關係，因為我一再地翻來滾去。海水不再托住我，而是將我拋出去，就像貓在玩老鼠似的。我不瞭解這樣的水況，不認識這樣的自己。我的脈搏急速跳動，呼吸淺促，驚慌極了。

我覺得胸口像被往內擠，我知道自己得上岸了，便開始划水。一道大浪從後邊打來，我沒聽到浪捲過來，我腦裡的聲音突然大到令我聽不到水聲，我甚至無法想像自己順著浪衝行，大浪重重地朝我摜下，將我壓在板子上。我的眼睛被淚水刺痛，渾身灼痛，肺部、背部、腳踝都痛得要命。我不斷翻滾，直到海水變淺，然後我便被粗暴地扔到海岸上了。

不知為何緣故，我的衝浪板竟然完好無損，可是當我試著站起來走向沙灘時，卻雙耳嗡鳴，腳踝無力。我坐了下來，第一個念頭是趕快脫掉我的橡膠靴——這是我剛買的，萬一我的腳踝腫起來，就必須割開靴子了，我可不想那麼幹，不浪費靴子似乎極其重要。把靴子脫了，快點脫掉靴子。脫掉靴子後，一切就都沒事了。我一寸寸地剝下橡膠靴，靴子裡的腳踝迅速腫脹，看起來就像以前我陪媽媽採的那些蘑菇，媽媽會用奶油煎來給我當早餐吃。靴子脫掉了，我一瘸一拐地走上沙灘，穿過綠草如茵的丘脊，來到露營車邊。此時的我根本無法爬上車頂，因此我把衝浪板塞到車輪之間。如果有人想偷，那就送給他們吧。我把潛水服也一併扔了進去，甩掉身上的鹹水，穿上保暖衣物。我灌了一口蘭姆酒，脈搏開始平穩下來。腳踝腫成這樣，我反正無法開車去醫院，因此我爬上床，把牧羊犬拉到身邊，將臉埋進牠的毛髮裡。我拉過被子蓋住頭，努力不去想剛才發生的事。

風暴一夜間就過去了，漂流木、海藻和不可避免的塑膠物散落在海岸的潮汐線上。就算狂風曾搖動露營車，我也沒感覺、沒聽到。我只感到一種冰冷的空寂，腦子裡一片空白。我試了一下腳踝，還是無力得令人難安，瘀血開始浮現了。我的背部僵緊，感覺怪怪的，就像兩片拼圖，乍看下似乎是對的，卻無法妥貼地拼在一起。我的左腿後側整片都在刺痛，就像掉進了蕁麻叢裡，或被獅鬃水母的長鬚纏住，疼痛最後在跟腱處燃成一團火。我體內似乎有根弦被扯得太緊，情緒也一樣，我已經繃到無法再往下走了，就像這輩子一直推動我的潮流停下來了。

等我的腳踝能夠承受後，我纏上膠布，整理行裝，開始漫長的返家之旅，回到威爾斯的海邊小屋。學期已經結束了，我有三個月的時間整理自己。彭布羅克郡似乎是回到起點、重新開始的最佳場所。我一直在思考身體、心理和情緒健康之間的關係。當我拖著疲憊的身體回到家時，簡直痛到不行，但我頗慶幸自己有這種生理感覺；這樣更容易解釋自己的感受。

我的腳踝很快地痊癒了，但我的背痛和腿部的刺痛感則持續不斷：那種痛感更為深層而內在。我能夠站起身後，便到海岸小徑來回踱步，希望藉此讓頭腦平靜下來。我走了一里又一里的路，得空便去河泳或海泳。我去做物理治療，看脊椎按摩師。我又開始駕帆船，看著蘭迪島（Lundy Island）外的日出月落，看真海豚興奮地劃破黎明緋紅的水面。一位針灸師小心翼翼地在我背部和腿上行針，她是第一位問我，除了疼痛症狀之外，有什麼感覺的人。我慢慢發現，狀況變得比較輕鬆了。隨著活動力恢復，我又能和朋友一起開懷大笑，尖聲歡呼著從懸崖上一躍而下，像海鳩般投入海裡了。我攀爬山脊，後來那年夏天，我跑去旅行。從赫布里底群島（Hebrides）的白沙灘，到南非紫雲環繞的桌山（Table Mountain）。我在開普敦海邊的瑜伽工作室裡住了整整一個月，一邊教學一邊上課。我玩滑板、攀岩，看露脊鯨衝破山影下的大西洋水面。我用驚奇來充實自己的心靈，我的腳再次變得穩健，但問題出在我的背部。

雖然我覺得心裡好多了，但背痛卻越發嚴重。現在我兩條腿都會刺痛，儘管一開始我幾乎沒注意到，但左腿有些發麻，有時還會刺痛。有時我從坐姿變換成站姿，或彎身從地上撿東西時，身體會竄過刺疼，眼前發白，差點尖叫出聲。我在平躺時越來越不舒服了，最後我每晚幾乎只能睡兩三個小時。經過幾個月的無效治療後，脊椎按摩師和物理治療師都建議我去看醫生，但醫生沒幫我檢查便將我打發走了，她說我身體好的很，脊椎不可能受傷，沒有必要做核磁共振。醫師表示，每個人多少都會有背痛的時候，我努力相信她的話，但內心深處卻知道事情很不對勁。

我從亞伯丁轉到普利茅斯（Plymouth），從北到南。普利茅斯的課程較側重田野工作，以及我喜愛的自主性專案，但除了學術之外，我也很高興能離家近些。十一月初，我正在康瓦爾的卡里克水道（Carrick Roads）航行，這是法爾河（River Fal）河口，一條流入大海，綠樹成蔭的美麗河段，是淡水變成鹹水的過度地帶。在那裡感覺就像穿越到過去，你會看見20

世紀初建造的各式美妙船隻——古老的木造短桅帆船（cutter）、漁用帆船和小帆船（lugger）——船隻受到悉心的維護，漆色明亮，且經常航行。水道上有帆工、造船工、焊工——任何維護船隻航行所需的人和一應物品。法爾河上有位叫艾米的傑出女造船工，她在她的工作室裡熬了一夜，為我趕製新舵，換掉腐爛的舊舵，讓我在暴風雨來臨之前啟航。這是一個非常獨特的地方，但那個十一月週末，我因為身體出了狀況，無心關注周遭的環境。

我們把船泊在聖莫斯（St Mawes）的海灣，我從遊艇甲板走到小艇上，準備登岸。這一步卻似乎怎樣也走不完，我伸著腿，雙手抓住索具，可是當我低頭一看，我的腳已踩在小艇的船板上了，我根本沒有感覺。這是最可怕的一瞬，我已經慢慢習慣忍受疼痛了，那是種令人眼花的刺痛，害我夜夜失眠，日日難熬的灼燒感。但是這個，這是一種失去，我彷彿失去了腳，或我的腦子無法理解那是我的身體。我伸手去摸腳，卻覺得像在摸別人。我一陣噁心，胃部翻攪。我顫著手，小心翼翼地下到小艇裡。我沒跟任何人說，我不知道該說什麼。醫生的無所謂令我懷疑自己對疼痛的理解。然而此時，我覺得私心最擔憂的狀況，正在發生了。過去幾個月我一直能夠排解自己的情緒，但那是因為我有體力才可能辦得到。現下我的身體罷工了，我坐在石牆上，看著下了錨的船在眼前輕輕搖動，有個朋友正在跟我說話，問我在南非的情形。我幾乎無法聽懂她在講什麼，我的沉默一定顯得很無禮。我安靜、害怕，被自己的脆弱弄得不知所措。

我沒有立即就醫。我先是搬進一棟房子裡——我不可能再住露營車了，因為我連走路都有困難，遑論開車。我擔心沒有人會認真看待我的病情，但有位朋友說服我，必須找個願意聆聽的人，於是我又來到了醫生的診所。灰色、米色、沉悶、消過毒的診所。這回是另一名穿著格子襯衫的醫生——明亮的原色藍和紅，間夾著黃色接縫的格子衫，與我童年的景致顏色相仿。醫師穿著棕褐色的麂皮鞋，鞋上腳趾頭的地方磨破了。醫師很年輕，比我大不了多少，他有一對溫柔的眼睛。醫生看了我一眼，然後嘆口氣。我半坐半站的，因為坐或站都不舒服，情況實在有點尷尬。我繃著下巴，聲音發顫，醫師立刻明白了，他的聲音如此悲憫，害我差點哭出來。我一直噙著淚，但不知何故，淚水從未滴落。醫師為我開轉診單做緊急核磁共振，並警告我說，鄉村地區的急診因國民保健（NHS）資金不足，可能要等候六個星期。

他給了我一盒藥。一種低劑量的抗憂鬱藥，用來鎮壓神經痛。剛開始服藥時我會頭暈，腦中的世界因快速移動而變得模糊，而且尷尬的是，我連話都說不太清楚。但那天晚上我蜷在床上——新的床，新的房間——俯瞰著朝往大海層層疊加的屋頂時，我睡了幾個月來的第一場好覺。等我醒時，簡直不敢相信。藥效很好，即使吃了令我頭暈目眩，卻是有效的。那一週我瘋狂地讀書，努力趕上進度。我讀了又讀，編寫程式碼——

我正在學習新的資料分析法——畫各種魚類的解剖圖。但疼痛有時雖被壓住了，還是沒有斷根。

疼痛是個奇特的同伴，它像一個鏡頭，透過它，你對生活的看法會更加敏銳，也使人更懂得感激那些沒有疼痛相伴的日子。疼痛能讓人下定決心，在疼痛減輕時，把精力集中在要做以及要達成的事項上。但我發現我和疼痛只能彼此容忍很短的時間，不到一個星期，我又回去跟醫生報到了。我已經試盡一切減痛的辦法，從物理治療到瑜伽，從脊椎按摩師、斷糖飲食、增加蔬菜攝取、在所有食物裡添加薑黃、針灸，以及任何發誓能治好背痛的這家的那家的什麼。現在我好不容易找到一位肯認真對待我病痛的醫生，我準備聽從他給的任何建議。我的藥量增加了，還加上了可待因（codeine），醫師跟我保證很快就能排到核磁共振。新的藥方組合令人躁動且疲累。我睡很多，醒時卻幾乎不覺得有休息到，我的背痛到了極點，先吃藥再說。我猜這種撲天蓋地的疲憊是藥物的副作用；雖然我確信藥物有一定的影響，但我現在採用完全排除類阿片的不同療法，卻依舊疲倦不已。這是神經系統受到干擾，身體試圖應付疼痛的症狀。

我覺得有腦霧，這比我在北大西洋見過的海霧更濃密，而且我的記憶很靠不住；例如在超市找想要的物品等簡單的事務，好像變得讓人無從做起。我覺得很脆弱，但那週我參加生態學考試，結果出乎意料地獲得有史以來的最高成績。我幾乎沒辦法參加任何講座，但幸運的是，我在去年夏季就把必讀的教科書看完了，之前的資訊似乎還存留在我腦裡，即使我正在努力理解新知。赴考挺辛苦的；重力對我受損的脊椎而言，頗難承受，想到我不能中途離席，就覺得非常焦慮。恐慌似乎如影隨形，伺機造成我的幽閉恐懼。

我步履緩慢，拐著腳試圖跟上老是領先我半步的朋友。這半步有如千里之遙，我望著大家繼續過著他們的生活，感覺自己被落在後方。我試著盡可能走到海邊，情況好時我能走得到，然後凝望冬日的海洋，想起自己的各種理由，為何我還在念書，為什麼我要每天起床。有時狀況差，覺得路途太遠，或窒礙難行時，我會覺得自己要應付的東西越來越多，繃緊的鋼索越抬越高，然而我設法平衡自己的所有辦法——跑步、游泳、瑜伽、散步——我所有的安全網，卻一一被撤走了。我唯一還擁有的，就是我手中的筆、顏料和畫筆。每晚我將自己無法大聲說出的一切傾瀉在一頁又一頁的紙上，為自己加油打氣，寫出我所感激的事物。我再也無法航行了——我連站在旱地上都有困難，更甭說是站在浪頭上了。我不能到海上冒險，無法進入鯨魚的世界，因此我在自己的小房間裡畫鯨魚、大海、星星、天空、浪花。

我畫著座頭鯨優雅的鰭和條紋分明的喉部，畫著海豚、虎鯨。我這輩子只見過一次虎鯨，當時我在露脊鯨號上，那是個寧靜的日子，我們沒觀察到什麼，天氣十分溫和。我輪休時多半會待在甲板上，心思從水面抽開，進入戈馬克·麥卡錫（Cormac McCarthy）小說世界裡的荒土惡地，那是船上圖書館裡的書。書籍內容五花八門：有鯨豚類野外指南、結繩書和過去船員留下的各類書籍。書本放在一個擺放溼衣的櫃子頂端，淋過雨的油布衣就掛在那兒。書頁被鹹鹹的溼氣弄到發皺，而且長了霉斑。

讀書讀煩了，我就走到船頭東晃西逛，並試著在搖晃不已的船上練瑜伽。我發現輪式，甚至是頭立式都還能做得來，但烏鴉式就太挑戰了。若還有用不完的體力，我便爬上桅杆再下來，直到手臂酸爽為止。等回到駕艙後，我悠閒地望著船尾的水面，後頭跟著水聽器。我看到兩隻港灣鼠海豚滾著小鰭，穿越我們的船尾。我的船友開心極了，他雖然航海了好幾個月，跑遍全世界做博士研究，卻從沒見過在我家鄉水域中，極其熟悉的港灣鼠海豚。片刻之後，空氣和水表面都起了顯著的變化，一片高大深色的魚鰭像利刃般地劃破水面。

是虎鯨。從牠的體型和高聳在海面上，有如一座墨色方尖碑的背鰭看來，應該是一頭雄鯨。我們觀看的過程中，又有三隻較小的雌虎鯨跟上來了。我立刻爬回桅杆上，想仔細觀察這些掠食者。無論牠們是否意圖獵捕港灣鼠海豚，反正海豚已經不見了。我們沒看到虎鯨獵食，也沒看到水中冒出紅色的血雲。那隻碩大的雄虎鯨對我們的船起了興趣，我爬下桅桿時，牠跟在船舷旁邊。我從未感受過如此強烈的存在，我俯視水面，看著這頭強大的獵手，牠也回望著我。我並不覺得牠在挑釁，就像獅子不會挑戰羔羊一樣，虎鯨對我並無敵意。我們繼續航行，虎鯨群也揚長而去了，但那份存在感依舊餘音繚繞。

我想起了那一日的感覺，那屬於不同的世界——屬於一個我能任意做瑜珈，不必擔心摔倒，可以在桅杆竄上跳下、在海上與鯨魚四目交接的世界——而現在我僅能透過畫筆，找到跟牠們的聯繫。

我無法再獨自生活了；遛狗和餵狗這些事對我來說太困難了，而且我落了很多課，離大學近不近根本無所謂了。我死命揪緊學業，彷彿它們等同於康復。我怕萬一必須延畢一年，我就沒力氣再繼續前進了。我在等著做核磁共振，也許我得為此回去找我的大學醫生，但我在等待期間必須住家裡。

止痛藥似乎不再有顯著的緩解效果了，我的脊柱開始腫脹，因此所有藥物都得改動，用抗癲癇藥物鎮壓神經痛，拿可待因當止痛藥，用地西泮（diazepam）緩解撲天蓋地而來的焦慮感。醫師建議我再服用一段時間的可待因，但我很可能因此上癮，我得同時吃地西泮，醫生會在適當時機，協助我停藥。我必須定期到醫院接受侵入性檢查，看我的脊椎中間是否有壓迫的情形，有的話得做緊急手術，有時還會動用嗎啡。我期望能很快收到核磁共振的預約通知，六個多星期過去了，到了一月，我還在苦等，卻還是沒收到通知，於是我打電話給醫生問個究竟。接待人員告訴我出了狀況，診所把我的文件弄丟了，所以要重新提交轉診單，我得再等六個星期。

「哈囉，妳還在嗎？」

我無法呼吸，更甭提說話了。我憤怒到跪倒在地，母親困惑地看著我，我默默把電話遞給她，讓她聽到同樣的消息。我往外頭拐，推開橡木門，上面是搖搖晃晃的褪色浮標，我看向花園通往大樗樹的小路，光禿禿的樹枝襯著天空，在輕風中搖曳。黃昏迅速降臨，天空已染了顏色，我覺得挫敗極了。能回到兒時的地方固然能帶來些許安慰，但我已不再是那個在這條小徑上嬉戲、為螞蟻倒糖，倔強又堅定的女孩了。我的四肢再也無力攀爬那棵樹，在枝上晃蕩，望著屋頂外的大海了。我的舊衝浪板一直靠在床尾，閒置不用。

我雙眼灼痛，但淚水怎麼樣都不肯滴落。母親來到花園，看得出她也很生氣。她搭住我的肩表示安撫，母親眸色灰淡，她告訴我，接待員說除了等待，沒有別的辦法了，因此她打電話給一位醫師朋友，朋友跟她說應該立即去訂自費的私人核磁共振。母親四處打電話，結果在第二個星期幫我約到診。我從小獨立，所以突然回到家，徹底像個孩子般地受照顧，感覺很奇怪。但我也很感激，因為我知道沒有家人在財務及感情上的支持，我根本不可能過得了這一關。

幾天後，太陽尚未打破地平線的某個清早，一輛車子停到我們小屋外的小路上。我一瘸一瘸地拐下小道，開門上車。我的朋友喬伊（Joey）開車送我們去一個小海灣，大夥在她車裡啜飲熱呼呼、苦味完美的咖啡，看曙光漸露，照亮散落在船台上的石頭。海面並不平靜，波濤洶湧，浪花飛噴，漫過整個海灣，但我們依舊下車脫掉外套、毛衣和靴子。喬伊攙著我的臂膀往大海走，我的腳步還不穩。雨開始下了，冬天的寒氣刺著我們，弄得皮膚凹皺，粉紅中泛著青藍。我的腿在發軟，我們並未涉入水中；是大海向我們湧來，用一道冰冷的浪從腳底捲起我們，然後再將我們放下，兩人渾身滴水地哈哈笑著，鹹鹹的身體打著寒顫。在這種爛天氣游泳也許很不智，因為並不安全，尤其是對一個脊椎受損的人來說，但喬伊抓穩我，兩人挽著手拐上船台，水從我們的鼻子流下來。我「感覺」到了。感覺自己又活了過來，感覺自己獲得短暫的淨化，我的身體因寒冷的鹽水而灼燒，而不是受損的神經。我覺得這才像我自己，像是大海。

「如果妳覺得恐慌，就按這個鈕。」醫務人員告訴即將滑入核磁共振機的我。恐慌？我的身體已經恐慌好幾個星期了，我的心像載滿藥物和情緒的雲霄飛車，同時還要努力學習老師還沒見過我露臉的課。雖然我討厭狹小的空間，但是做核磁共振最讓我擔心的，是結果什麼都照不出來。萬一那些猜測我有椎間盤問題的物理治療師和醫生都錯了呢？其實只是因為我無法應付生活，而在自己腦裡瞎編出來的呢？我控穩呼吸，把那次游泳的感覺找回來，被冷水淹沒的快感，那種讓我身體煥然一新的感受。它滌去了我的憂愁，即便是只有一個早上。我想著海風、水面上的漣漪，想著屏住呼吸，抓緊一顆石頭，看水面上舞動的光束。

我其實都白擔心了，核磁共振顯示我的脊椎最後一個椎間盤，L5 S1，垂在脊椎邊緣，脫水且受到擠壓。然而造成問題的其實並不是椎間盤，而是我患上了脊柱狹窄症，受損的脊椎試圖自行癒合而鈣化，導致我背部神經的通道變窄。確診令我鬆了口氣，終於有人能看到我經歷的一切了：我的脊椎影像，把我的疼痛轉化成可見的形式。顧問告訴我，我需要做手術，他有把握我的腿部能恢復八成或更多的感覺，並減輕疼痛。他們不會去動我的椎間盤，但是得把鈣化物質從脊椎上刮除，騰出空間，讓希望沒有永久受損的神經修復。我的脊椎雖有損傷，但我還年輕、強壯且意志堅決，復原的可能性極高。當然了，任何手術都有風險，但我能有什麼選擇？損傷是急性的，且隨著時間惡化，於是我在接下來的一週安排了脊椎手術。

手術前一天，母親帶我到海邊。二月的天空是柔和的灰和淡薰衣草色。時節過早，矮矮的荊豆還未能繽紛地點綴這片土地。我脫掉鞋子，把腳趾揉進冷硬潮溼的黑壤裡。我可以感受到右腳趾間的軟土和大地傳來的寧靜樂聲，我的左腳趾一點感覺都沒有，我尋找火烏鴉的叫聲或飛掠的豔色，但空中聽不到任何鴉鳴。我凝視地平線，水面在輕風中泛起漣漪，地平線那道海天相接的細線看似遙不可及。我無法走到海邊，小徑如今顯得過於陡峭，我的腿已經繃得很累了。我覺得自己每踏一步都在變老，我拐著腳，筋疲力盡地走向一道小瀑布。我知道若是觸到瀑布，它的水便會把一部分的我，帶到我自己走不到的海裡。

空氣很冷。水更冷。冰與火在我錯亂的神經上相遇，那一瞬，我又能深深地吸飽氣了。我的頭腦變得清晰敏銳，地平線似乎拉近了。有了在周邊流蕩的水，我終於找到幾個月來，一直沒有力氣哭出來的淚水。它們從我眼中溢出，與落下的水相混合一，彷若一個承諾。承諾我將回到大海，去航行，與鯨魚一起呼吸，感受星光搔癢著皮膚，感受身後的風和前方的世界。

我頭昏腦脹地醒來，渾身發熱，覺得噁心。這很奇怪，因為通常我躺下來，讓大腦慢慢適應，就能緩解暈船。但這回不行。我想吐，我不想吐得自己全身都是，便試著下床。可是……不對，這不是小床，而且我的身體無法動彈。我為什麼動彈不得？陌生的白色房間，手上插了根管子，有另一個人，一隻手定定地搭在我肩上。

「嘿，妳醒了！」

是護士，不是船，而是醫院。

「感覺怎麼樣？」

「噁心。」

她把止吐藥直接打入我的導管裡，我感覺藥液緩緩流入體內，令人舒緩。我小口喝著水，慢慢理解自己身在何處，發生了什麼。

「手術成功嗎？」

「醫生待會兒就過來看妳，是的，一切看起來很有希望。」

我安定下來。打嗎啡，躺在床上，我發現自己的移動範圍越來越大了。老媽過來坐到我身邊，我覺得好平靜，藥物引發了愉悅感。手術很成功，我的神經得救了。我無法相信嗎啡逐漸退去後的感覺，手術完雖然感覺酸疼，但那日夜折磨我近一年的灼痛感呢？不見了。這實在棒到不可思議，我如釋重負。直到這一刻，我才瞭解那種痛，曾存在於我的一切之中。在每次對話的聲音裡，在我黯淡的眼神中，在我破碎的睡眠裡，在努力進食的每一口飯裡。我迫切地期望，我一生中最艱難、最具挑戰性的一年，終於就要過去了。

後來我有許多時間去反思療養一事。現在我知道了，康復很少像媒體描繪的那樣，像一場凱旋而歸的故事。康復實際上是一種身心的奮鬥過程，有著令人不適的教訓和挫折，而且不知道何時結束。對我來說，康復有生理的一面，需要動手術的那一面，而且表示在五年後，我仍得做脊椎注射，且將永遠需要物理治療。還有心理層面，這一面較少受到討論，還有身心結合的部分。對我而言，復原就像一座花園。你得為合適的植物選擇合適的位置，讓它們可以生長，你必須提供陽光、水和養分，輕輕為其修剪，拔除任何阻礙和扼殺生長的雜草。這不是一個線性過程，而是一種有季節性，有休眠期的循環。你得給它時間，這也是我最難理解的地方。我的生活節奏向來非常極端，想要什麼就拚命追求，直至追到為止。我不懂得如何放慢腳步，蟄伏靜守。

我一出院，便隨著母親回到小屋繼續療養。我迫不及待想回那裡，遠離醫院刺眼的燈光。我需要那份熟悉感，需要不夠筆直的牆壁，冰涼的石地板，以及火爐的暖意和光亮。我需要那個塑造我的地景，望著浩瀚複雜的大海，因為我永遠不可能真正瞭解海洋，所以才顯得它無比美麗。然而即使我的心思繫於大海，卻不得不再度學習在陸地上行走，我們老舊的小屋，不斷出現令我訝異的挑戰。當你無痛無病時，做很多事都不會有感覺。我再也沒辦法從柴房裡搬木柴或去搧爐火了。我老是擔心會有貓從書堆跳到我身上，或繞在我腳邊害我絆倒而扯裂縫線。最初幾個星期中，有一週下雪，整個半島都停水了。通常我會幫忙搬來一桶桶的雪讓其融化，或倒進馬桶箱裡，或拿來煮沸，但現在我沒法彎腰提桶子了。

我開始出現劇烈頭痛，痛到讓人兩眼昏花。站立時的情況總是最慘，躺下時則稍微緩解。我擔憂到打電話給醫生，他說有可能是骨頭碎片，造成腦脊髓液滲漏，假如一兩天內沒有改善，就應該去醫院做腦部掃描。我掛斷電話，覺得自己像被隨手扔進了可怕的深淵裡。我無計可施，於是便繼續打即將截稿的學校資料分析報告，盡量不去想大腦可能滲漏的問題。

夜晚很難熬，全身麻醉會干擾身體的自然節奏，搞得我根本無法入睡。我知道身體需要睡眠來復原，但體內有個東西將睡眠排拒在外。我醒躺著度過漫漫長夜，燈塔的光束仍橫掃大地，伸向海洋，但它並未引發我對夜晚的好奇，它反似在嘲笑我，全世界都睡了，我這個孤獨的靈魂卻還醒著。黑暗有了新的性質，以前對我來說，夜晚總是溫柔而富含各種可能性。從前醒時的夜晚，像是我祕密竊取而來的時光，賦予了我更多的生命機會。然而這個新的黑暗，是隻不祥的生物，它開始纏住我，慢慢伸探著觸鬚，直至潛入我的喉嚨，在我腦中填滿各種可怕的念頭。當初醫師答應幫我減少並停止用藥，卻食言了，因此我決定靠自己。我從鋁箔包裡取出一顆顆的白色藥丸，扔進垃圾桶裡。我不知道乍然停藥，而非逐漸減少藥量，會有多危險，但考慮到我的情緒狀態，我懷疑自己做得到循序漸進。

我先是覺得噁心，搖搖欲墜，比暈船還慘。我無夢地躺在黑暗裡，開始盜汗、發抖。我的手已經抖了好幾個星期了，但現在連全身都在哆嗦。我開始覺得血管灼熱而搔癢，就像有邪惡的生物試圖從我體內爬出來，身體彷彿在渴求類阿片，但大腦卻拒絕屈從。我的心臟開始急跳，呼吸淺促，我忽然覺得這全是我的錯，都是我自己活該。我活得太自私了，對自己擁有的從來不曾滿足，總是需要更多。為什麼我就不能安安穩穩地在海邊寧靜地過著小日子？我總是使勁推進、想知道更多、看到更多、攀得更高，結果我就像伊卡洛斯（Icarus，譯注：希臘神話人物）一樣，飛得離太陽過近，現在蠟融了，從我的肩胛骨淌落到我受傷的脊椎上，我正在體驗自己活該應得的墜落。在那些幽暗如淵的夜裡，當我發燒顫抖地躺臥時，我真的覺得自己熬不過這一關了。我孤獨而害怕，也深信這只能怪我自己。

不知道度過多少個夜晚之後，我體內的化學物質開始自行找回了平衡和某種和諧，我的思緒再次恢復清醒。此後時間對我的記憶予以寬待，痛楚的記憶不再那般尖銳了。停止服用止痛藥後，我開始專心調節自己的呼吸，掌控自己的情緒。吸氣時，我想像空氣充滿肺部，感受胸膛上揚，感受自己的胃。我想像氧氣穿流全身，滋養每一個細胞，然後才呼出所有不再需要的東西。我吸入生命、能量和周圍的世界。我吐出所有的傷痛、困惑與憤怒。我心中還是有疑慮的。單純的呼吸，怎麼可能取代我一直依賴的藥物？但隨著每一天過去，我在自己的呼吸中找到了療效。我點數自己的吐納，一直數著，數出了一種柔和的內在節奏。夜裡燈塔光束環掃一圈，我可以吐納三遍。吸氣，吐氣。吸氣，吐氣，吸氣，吐氣，閃光。一遍又一遍地，星星升起落下，而我在這期間的某個點，找到了安眠。

睡夢中的我如此自由，我占據一個夢境，夢裡身體無拘無束，僅有想像力能限制它的範疇。停用止痛藥的第一個夜晚所做的夢，在第二天一直陪伴著我，也跟隨我度過往後的幾年。我的身體在夢裡變了，不僅恢復健康——我的雙臂也變成了滑翔的強壯羽翼。我可以感覺到每一根被海風托起的羽尖，我因應地調整羽毛，以維持平穩的飛行與滑翔。我擁有強勁的飛行肌肉，但除非必要，我不會使用它們。我不是沒有重量，但我瞭解自己多重，並巧妙地承重翺翔。我輕盈迅捷地移動，御風而行。旅途還很漫長，但沒有什麼阻礙是我無法飛越的。

從高處看到的世界十分不同，下方水面是一幅閃閃發光、起伏不定的掛毯，波光粼粼，漣漪跳動。空氣是一種充滿頂點的世界，空氣裡的上升氣流貼合著我的翅膀，將我抬得更高，抵達一個個的頂點。我體內有某種與生俱來的東西，知道該走什麼路徑。我是一隻鳥，一隻信天翁。

突然間，白色翅膀變成了白帆，在變幻不定的微風中撲打著，周圍的景色也重新塑形了。此刻我再次立在自己的兩隻腳上，重力將我固定在船隻的甲板上。我四下張望，找人拉索揚帆，但只有我一個人，我確信我得親力親為。我以絞盤用力拉起船帆，直到船開始像鳥一樣地飛馳。我再度環顧四周，呼喊船長，但除了風聲颯颯，並無回應。看來得由我控船了，我把手放到舵柄上，開始調校帆面，一邊拉動繩索，直到感覺微風在我右肩徐徐吹送，船隻穩健地進入航道。我掌著舵，再次駕馭自己的航向，目標明確地走在自己的航程中。

那天早上醒時，滿床都是陽光，我的貓在一旁伸著懶腰，然後優雅地溜到地板上，逕自找早餐去了。經過幾個月來的第一次好眠後，我覺得平靜無比，但那是一場奇異的夢，我的身體仍為此顫動。白色的翅膀，白色的帆。翅膀變成了帆，我的手擺在舵上，設定航線，指導航向。我是自己的船長。我的脊椎手術才動完幾個星期，僅能走幾步路，但我竟突然確信自己能夠做到。我不僅能再次航行，且將擁有並駕著自己的船，隨心所欲地四處航行。我以前不曾渴望過這些，我光是在海上當別人的船員就很開心了，但現在這個想法對我來說似乎非常重要。那天我坐在聖大衛岬角，思考何種環境塑造了我，自己要如何走向這個世界，受到火鳥鴉啟發的我，決定此生不僅將以海洋為核心，而且還要去冒險。一旦我開始航行，就必須滿足我永無止境的好奇心，深入去瞭解與我共享空間的鯨魚。我知道自己想結合航行與海洋生態學，一邊探險一邊研究。我曾希望畢業後能加入少數幾艘研究鯨豚類的船隻，擔任其中一艘船的研究助理或船員。可是有天早上我醒來，帶著自己的衝浪板游入大海，等我再次回岸，卻發現生命已有了改變，而我所有的計畫和對未來的希望也隨之更動了。雖說我在那一刻並不知情，但過去一年帶來了深刻的變動，我的人生必須轉向。我還不確定要去往哪裡，只知道自己剛度過生命中最艱難的一年。那麼何不把駕駛自己的船，也變成一件難事，而這件難事，是我給自己挑的？我覺得自己的生命之流此時正在加速，因為它又有了真切的方向，我的一切將隨之而行，乘著那隻飛越我夢裡的信天翁之翼。

第四章　漂泊信天翁

當我滿腦子想著信天翁，想著駕駛自己的船時，它們依然只是夢想，必須克服一些非常現實的障礙才能實踐。大部分時間我仍待在床上，縮在被子裡，身邊懶躺著一隻牧羊犬。牠的存在是不幸中的慰藉。記得有一次我頂著寒霧，在露脊鯨號的甲板上時，覺得若能待在溫暖的大床上，不知道有多好，現在我願意想盡辦法回那條船。不過在家庭的包圍和照護下，我能感受到自己正在康復，而且燈塔還在，星星也還在。我有溫暖的火爐、我的貓、書本、關心我的家人和朋友們，以及一個共同努力協助我復原的社區。

隨著身體日益強壯，步履逐漸穩健，我在戶外運動及活動的能力增強了，而且也更容易入睡。我的背部肌肉再次開始合作無間，神經亦開始從受壓迫中恢復。我的左腿異常虛弱，因為肌肉流失，使得膝蓋內傾，尤其是在上坡時，恢復相當困難。復健過程有很大一部分是心理上的，我努力在重創後，重新連接我的大腦和身體。老媽會開車載我到海灘陪我散步，她放慢腳步配合我的速度；每週我都試著走得更遠，終極目標是走到南端，那邊已經沒有沙子，只剩下水，然後再從那邊走回來。我很想游泳，但我不再是那個可以攀在媽媽肩上，讓她載我一起游泳的孩子，也不再是過去那個把體力視為理所當然的大人了。在冒險涉入大海前，我先由朋友和父親載我去游泳池。游泳池雖無法跟我渴望的大海相比，但沒有波濤的翻攪，更加安全。最詭異的是，我發現自己在手術前，背部劇痛的那段期間，已慢慢習慣只用手臂划水，以減輕疼痛了。現在，我必須記得把腿部的動作加回來。不久，我便覺得自己足夠強壯，能泡到海裡了，我得靠在港口牆上，讓鹹水浸泡我的身體，那真是包治百病的靈丹妙藥。

雖然我已經一整個學期沒踏足校園了，但我復原得不錯，能回學校參加夏考了。這次經驗十足超現實，我覺得自己在考堂裡格格不入。我在海灘、水中或在懸崖上遊蕩時，海水從來都不是平靜的，岸邊的沙子變幻不定，隨潮汐移動，因此我接受了自己的變化。考試時我被迫坐在僵固的椅子上，這提醒了我，強迫我的身體去做一些它還沒準備好的事，是多麼地痛苦。

考試結束後，便是漫長的夏天了。我開始尋找我要的船。我努力康復，接下任何能找到的工作，我不停畫圖，不斷換著方式去畫我夢裡的信天翁。我口授指導瑜伽課，努力湊錢。我知道，不管我能負擔起哪種船，船一定需要做些修整，但我知道我能利用多年來積累的知識，或者親自補修，或者找個適當的人幫忙。我心目中的船要有玻璃纖維船體，這比鋼鐵或木頭更便宜，也更容易維修。我要一艘為遠洋打造的船，一艘能保我安全的船。最重要的是，一艘我能自己操控的船。我在網上搜尋，一艘艘地建立書籤。這似乎是個買船的好時機：很多待售船隻，且價格也很具競爭力。

在大洋彼端，橫越地球，穿越赤道，另一個世界正在構建。信天翁的世界。

這個世界很小，很溫暖，很安靜。
這個世界提供了食物、安全和庇護。
這世界就是一顆蛋。
一顆在巢裡的蛋。
巢在一座島上。
島嶼位於世界的南端。

這顆蛋在十二月產下，南半球的夏至即將來臨，但那裡的夏天並不暖，最高溫度僅有攝氏九度。伯德島（Bird Island）就在南大西洋，南喬治亞島（South Georgia）的尖端附近。位於南緯54°00’、西經38°03’的伯德島，經歷了地球上最極端的一些氣候，包括橫掃海洋的狂風。伯德島由火山形成，具有亞南極苔原的生物群系。這裡有灌木與草本植物，蕨類和石松（clubmoss），山脊上有大片草地，黑色的岩石一直延伸至水邊，海岸線上盡是海狗（fur seals）。伯德島之所以得名，是因為每年至少在某個時段，會有大量鳥類居住在這片荒遠的島上。在這裡，你可以看到多達50,000隻的長冠企鵝（macaroni penguin）；有深色羽毛和粗嘴的南方巨鸌（southern giant petrel）；黑眉信天翁與灰頭信天翁（black browed and grey-headed albatross）；最後，還有被研究人員稱為「漂泊者山脊」（Wanderer Ridge）的多風多草的山脊，上面的漂泊信天翁（*Diomedea exulans*）。牠們每兩年會到島上繁殖產卵。

我們的漂泊者是隻很有型的生物：帶著紅暈的長喙，尖端彎成鉤，眼神銳利，翅膀色深，背羽上長著斑點，頭色雪白。牠坐在小土堆上的巢中，底下是草叢和土塊堆成的基座。空中充斥著飛鳥與風聲，彷若一首翱翔的交響樂，間夾著這些海鳥從空中飛落地面時，笨拙的撞擊聲。雄鳥會在十一月底先抵達，雌鳥隨後於十二月初到達，在開放水域闊別兩年後，同一對鳥兒在此團聚了。鳥群在空中往復飛掠，振翅有聲，然而此時我們的漂泊者仍專注在自己的目標上。牠座下的鳥巢中，有顆蛋緊貼在牠身上，那是牠的蛋。牠用鋒利而光滑的羽毛裹住自己的身體，維持體溫。母鳥為了在繁殖季中孵化牠的蛋，會脫去一小片腹部的羽毛，騰出一片孵化區。我們就在緊貼牠皮膚，共享牠體溫的這片禿塊下，找到了牠的蛋。這是牠和伴侶在兩年的週期中，唯一產下並孵化的蛋。母鳥不時挪動，小心地不讓身體壓碎這顆珍貴的蛋，一邊用嘴巴輕輕翻動它，確保蛋裡的小鳥不會黏在蛋殼的內膜上。

除了母鳥的體溫與呵護外，小鳥所需的一切都包含在蛋殼內了。蛋一旦產下，裡面的細胞便開始形成組織，進行一場複雜而精密的舞蹈，它們會重新定位，分裂，再分裂。細胞被指派特定的角色，各有一個目的。小小的心臟長成並開始跳動。促成這條生命成長、成形並茁壯的能量，來自於蛋黃。血管的網路形成了，它們像小樹枝般地伸向空氣。蛋殼表面覆著微氣孔，微小到我們單憑肉眼無法看到，但它們還是在那兒。鳥蛋就是透過血管的網路和氣孔來呼吸，空氣在蛋殼上進進出出。不斷成長的胚胎會代謝脂肪，而產生水分，水分也藉由這些氣孔排出。胚胎越長越大，鳥喙、肢體、腳逐漸形成，卵黃透過腹部被吸收到小鳥體中。隨著小鳥不斷成長，牠會開始調整自己的位置，把頭部調往蛋殼較寬的一端。羽毛開始形成。

我們不清楚蛋裡的小鳥有什麼意識，是否能感受到父母的照料與溫柔的關注？也許牠會感受到父母在交換位置時，母鳥飛離而造成的短暫寒意，母鳥有時甚至飛到巴西，尋找恢復體力的營養，改由雄鳥把蛋攬到自己的孵化點上。蛋裡的小鳥需要父母俱在，鳥爸媽不斷地交替角色，彼此支援，協助小鳥度過長達11週的孵化期。單親的鳥爸媽沒有足夠的資源維護自己的健康，因為無法離巢覓食，而欠缺孵育的小鳥將凍死在蛋裡。雛鳥頭部附近會形成一個氣室，鳥喙朝這個氣囊挪動，然後在產卵後的第78天，雛鳥的喙穿破進入這個氣室，開始用自己的肺呼吸，蛋殼裡會出現小小的聲音，接著蛋殼從內部破裂，外部也有聲音了。蛋孵化了，小鳥的世界變得更加廣闊。

此時，這個世界就是一座巢。

我們的雛鳥第一次見到牠的母親。母鳥不僅供暖，幫小鳥戳破蛋殼，更是海洋空中的美麗巨人，是眾多——卻永不嫌多——優秀飛鳥中的一員，即使靜靜地坐在巢中，也難掩牠的優雅。當南極刮著夏季的三月寒風，冬天逐漸逼近時，毛絨絨的雛鳥依偎著母親，貼在牠腹下保暖。所有種類的信天翁都需要風，牠們精於掌握風力，這是牠們的特質之一，然而剛孵化的幼鳥尚不瞭解自己將來會在一天之內飛翔數千公里，而且幾乎不必振翅，將來牠飛行時所耗的能量，不會比此刻坐在巢上的母親更多。目前，雛鳥需要保暖，因此便緊依著母親。

兩天後，風把小鳥的父親帶到牠身邊了。頂空群翼亂舞，島上的鳥兒飛進飛出。其中一隻開始從空中降落，一對蹼腳伸在前方，預備降落，牠抵達山脊，走向小鳥的母親打招呼。牠外出覓食回來，跟伴侶換班。母鳥飛入空中，安靜謙和地展開一場偉大的航行，母鳥的覓食之旅將涵蓋3,500公里的範圍——這就是漂泊信天翁處世的宏大範疇。接下來的一個月裡，父母鳥將繼續養育我們的小鳥，牠們不斷交替位置，以便能有一隻成鳥守護小鳥，另一隻則去覓食，夫妻同步撫養牠們的孩子。當遠行的父母歸來時，會用嘴把胃部上端反芻的油脂餵給小鳥，這種從魚和魷魚得來的油脂，能替代雛鳥在蛋殼中賴以維生的蛋黃。

我自己也再次準備離開母親的巢穴了。我坐在花園裡的大梣樹下，不停地研究船隻，打電話給船主和仲介。等我列出一份清單後，便開著小貨車到康瓦爾看船。能夠再度開車，並睡在貨車後過夜，感覺就像第一次展翼飛入空中，感受空中的氣流和抬升。能住在不同的空間感覺真棒，但我渴望重新回到海上。迄今為止，我的搜尋一無所獲，我看到的第一艘船需要大幅翻修，賣家也沒料到會這樣。其他的船，船況雖然還行，但感覺都不對味。

我只剩下兩艘船要看了，我一大早醒來，那是個明媚的七月天。我從貨車後座爬到前座時，太陽已經相當熾熱了。我開車越過塔馬大橋（Tamar bridge），穿過康瓦爾和德文郡交界的河流，感覺越來越緊張。開車穿越河面的瞬間，讓我想到多年以前，我第一次在橋下航行的經驗。有三艘渡輪往返於普利矛斯的德文港和康瓦爾的托波因特（Torpoint）之間，連接沿海各個社區。渡輪是由水下與岸上相接的鍊條拖過河流的，因此駕船靠近時，可以聽到金屬的叮咚聲，你得非常小心，不能靠太近，以免船的龍骨被鏈條卡住。記得當時我逆風而行，試圖在處於不同裝卸階段的渡輪之間，掐準時機，穿越河流。今

EX LIBRIS

天，從大橋側望出去，我看到河岸兩側停了一排排的船，後面是翠綠的河岸，船的首尾都下了錨，防止船隻在潮汐中擺蕩。我好想下去跟她們一起待在水裡。

南喬治亞的海上漂泊者，在初生的羽絨下開始慢慢成長了。漂泊信天翁每兩年繁殖一次，牠們在「年假」時不會下蛋育雛，而將精力投注在換掉部分的主翼羽（primary flight feathers）。信天翁是風的大師，為了完成傳奇式的飛行，翼羽是必不可少的，須仔細維護。小雛鳥為了能夠離巢，現在必須長出比父母每兩年所換掉的翼羽，數量多一倍的羽毛。就像蛋內的細胞分裂和分工一樣，翼羽的生長和發育，也是精心排列的。它們有主副之分，主翼羽附著在掌指（manus）上，而副翼羽則附著在尺骨（ulna）上。漂泊信天翁雙翅各生有十根主翼羽，第一主翼羽最靠近鳥體，而第十主翼羽則位於翼尖掌指外側。

第一主翼羽最先開始發育，約在雛鳥127天時出現。現在小鳥的父母會同時離巢，將牠單獨留在巢中，周圍是繁殖群的其他成員。牠們每二到四天輪流回來餵小鳥吃反芻的食物，主翼羽的生長速度每天約1.4公釐。雛鳥在145至250天大時，主翼羽的生長速度會到達巔峰，每天約3.9公釐。雖然跟成年信天翁維護主翼羽的速度相比，這樣算快的，但跟體型類似的鳥類〔如西伯利亞白鶴（Siberian crane）或肉垂鶴（wattled crane）〕的主翼羽生長速度相較，還是算慢了。關於漂泊信天翁的成長速度為何較慢，有兩種理論。第一種理論是，如果小雛鳥成功長出翼羽，進入幼鳥階段，牠將在海上度過兩年時間，不會更換主翼羽。這兩年期間，主翼羽對於飛行至關重要，幼鳥在這段期間將飛行數十萬公里，來到亞熱帶水域，在那裡學習空中與水上的生活。牠們的飛行看起來雖令人驚嘆，但漂泊信天翁的航行並不帶娛樂性質。牠們的覓食能力取決於牠們長途飛行的能力，雖然這些距離對我們而言十分誇張，但對漂泊信天翁來說，這既是牠們的名字，也是牠們的天性。第二種假設認為，生長速度較慢是因為雛鳥在等待父母回來餵食時，會經歷禁食期。雖然父母鳥會不斷返回島嶼給雛鳥餵食反芻的養分，但小鳥在飽食魚和魷魚油脂之前，最多可能得挨餓十天。

隨著南半球冬季來襲，伯德島上的雛鳥不僅必須將能量分配到羽毛的生長上，還要確保自己能保溫，以求生存。小鳥仍然完全仰賴父母餵食，但周遭氣候卻越來越惡劣了。有一天當牠環繞南大洋時，牠將乘著地球上最強大的下降風（katabatic winds），風帶來了會堆積和飛揚的白雪。小鳥已經能移動，不再局限於巢中了，必要的話，牠能避開這些飄雪。伯德島上的溫度將維持在-5°C之下。小鳥雖正在長翼羽，但還擁有能保暖的絨毛。牠將分批脫去絨毛，在從天而降的寒雪中，卸去雪絨般的絨毛，待夏季再次來臨，小鳥接近離巢時，最後才脫去頭上的絨毛。就連牠喙面上都覆著一層角蛋白，牠身體的每個部位都是為了經受這些嚴酷的條件而設的。小鳥的父母雖然還在餵養牠，但牠們現在留在岸上的時間只剩21%了，其他時間，都把牠留在山脊上，跟其他充滿希望的雛鳥一起待著。

冬天過去了，世界又開始變暖。那些在惡劣氣候中倖存下來的小鳥在山脊上遊走，不時拍著翅膀，鍛鍊自己的飛行肌。

現在，世界是一座孤島。

小鳥飛離巢前的最後兩個月，父母的探訪頻率變得越來越少。牠不再是依偎在父母肚子上的那團毛球了，而是一個比牠父母更重的大個頭，身上羽絨斑駁，有著新生的強壯翼羽，但尚未擁有成鳥華麗的流線線條。牠全身羽毛都還稚嫩，羽色比成鳥黯淡許多。父母鳥回伯德島餵食的次數減少，有助小鳥減重，以利起飛。現在十二月即將來臨，還有冬至，離牠的「蛋生」之日差不多已經有一年了。離巢時刻近了，但小鳥的最後一根主翼羽——第十主翼羽——尚未發育完成。生長速度現已變緩了，從250天時的每日3.9公釐，降至每天0.9公釐。牠逐漸感到不安，緊盯著天氣變化，然而在最後這根羽毛長全之前，牠無法離去。周圍其他雛鳥已紛紛離巢，展開自己的旅程了，小鳥迫切地想跟上去。學飛的漂泊信天翁幼鳥，體型大小各有不同，但翅膀大小則相對穩定，這表示正在成長的小鳥，將渾身資源都投注在這個區塊上了。

白晝逐漸拉長，天色更加明亮了。西方開始吹來一陣勁風，小信天翁的羽毛終於長成，準備起飛了。這座島嶼是牠唯一認識的地方，牠在未來五年，不會再見到伯德島了。迄今為止，小信天翁在練習飛行時，頂多能用新生的翅膀，在空中飛幾秒鐘，隨即便被迫降落。但此刻空氣中有某種東西，某種牠所熟悉的東西，一種對未知遠方的渴望。

短跑一陣，遇到迅猛的上升氣流。

小鳥乘風而上，翱翔飛行。牠飛入空中，不再是雛鳥，而是那隻傳說中的鳥，牠獨自飛離小島，遁入天空。

世界如此遼闊。世界是無邊的風。世界在咆哮。

世界提供了食物，但必須尋覓，誰也無法保證安全。

她即是萬物，萬物即她。

世界是一片汪洋。

世界是一片天空。

世界是翅膀、羽毛、海浪與風暴。

世界是自由。

我開著貨車進入巴頓山（Mount Batten），整個人越來越緊張。那天我要看的第一艘船，似乎極具潛力，但在我看到船之前，就知道有個問題。我已經盡力湊錢了，而且祖父去世時我繼承了一些遺產，但船價還是超出我的預算。當我下車到船台上跟遊艇仲介會面時，我立刻感受到對方認為本人買不起。我夏天曬得面目黧黑，頂著一頭雪白的小精靈短髮，由於術後康復，我比平時瘦了些，以上種種，使我看起來不到23歲，這種年齡買船稍嫌年輕。而且過去幾週，我一直住在車廂後邊，也在那兒鍛鍊身體，我每天在海裡游泳而不是洗澡。我看起來一定出乎仲介的預料。

仲介雖滿心疑慮，但還是用充氣船載我到下了錨的船上。兩人在短短的船程中都沒說話，我戳戳氣筒，指出他沒有充飽氣的地方。他覺得我不是認真想買船的，但我覺得他很想把船賣掉的樣子。兩人來到船上，我快手快腳地把小船繫到船柱上，然後開始工作，有條不紊地從船頭走到船尾，檢查每個地方。我打開每個儲物櫃，翻開所有地板檢查每個角落。我查看船底的通海閥，檢查其功能和腐蝕程度，這些是讓水進出船體的關鍵點——例如，讓引擎冷卻劑進入或從水槽出口流出。我盡我所能地檢查索具，包括活動索具（running rigging）和立式索具（standing rigging）。對於立式索具，我只知道應該每十年更換一次，因此便尋找明顯的腐蝕或損壞痕跡。至於活動索具、船帆和升降索，則較容易看出磨損的痕跡。我深入每個角落和裂縫，測試各個艙底泵。我發動引擎，檢查燃油的清潔度，並對亂七八糟的電線揚起眉頭。

甲板上油漆剝落，護欄需要上漆或上油。一些活動索具已經破舊不堪，保護層磨損到露出芯心了。船上許多滑輪都是原本的，需要做更換，許多絞盤也是原有的，沒有一個是自鎖式的，而且有些已經卡住了。有些燈還是好的，有的壞了，而船上所有燈泡都得換成LED，以節省能源。船引擎一年前才換過，主帆是全新的，雪白的主帆放在交誼廳裡，但還未裝上去。

這艘船很完美，線條優雅，造型簡練，建造牢實，正是我所需要的。在我探索的過程中，仲介對我的態度也有所轉變。

他開始幫我，甚至在我做筆記時，指出船上存在的問題或不夠理想的地方。當我們搭船回岸，彼此道別時，我答應會很快與他聯繫，把我的想法告訴他。我取消下午看船的行程，獨自前往普利茅斯高地（Plymouth Hoe）。

這片高地是一條長長的綠地，一道斜往濱海建物的海岸，後邊是城市，有皇家城堡、海洋生物學協會和維多利亞時代留下的一排排濱海豪宅。從高地可一路俯望整個普利茅斯灣（Plymouth Sound），海灣點綴著導航浮標，標示進出港口的航道。海灣中間有座島，一側是樹林，另一側為廢墟，德瑞克島（Drake's Island）以16世紀英國私掠船長（譯注：私掠船，16至19世紀，戰時經交戰國特許，在海上攻擊、捕押敵方商船的武裝民船）法蘭西斯．德瑞克爵士命名（Sir Francis Drake），他把普利茅斯當作他的母港。這座城市顯然今昔皆有駐軍。海灣左側的珍妮克里夫灣（Jennycliff Bay）一直延伸到博維桑德（Bovisand）的舊堡壘。軍艦演習不斷進出海灣，鋒利的灰色野獸劃破水面。海灣入口由一道標誌性的長防波堤保護著，防波堤底端有座燈塔。你若望向大海，便能看到艾迪斯頓燈塔（Eddystone Lighthouse）高聳的尖頂。

燈塔標誌著艾迪斯頓暗礁，至少自1600年代以降，這裡就一直是航運的危險區。關於此地的船難數量並無紀錄，但1695年聖誕前夕，一艘名為「恆常號」（The Constant）的商船撞上暗礁，沉於海底之後，燈塔便開始修建了。燈塔歷經四次改動，之前的那座燈塔被拆掉，送回普利茅斯，豎立在我當時坐著的高地後方：紅白相間的斯米頓燈塔（Smeaton's Tower），成了普利茅斯的地標。而最新的這座燈塔是座優雅的深色塔樓，由環環相接的石塊疊製而成，這是由19世紀的詹姆斯·道格拉斯（James Douglas）構思並實現的天才工程。多年後，我在穿經彭林（Penryn）及利明頓（Lymington）之間的航道時，會經過艾迪斯頓，然後越過北海，前往波羅的海。要不是事先知道有艾迪斯頓暗礁，我一定會很訝異這道暗礁如何直接在我的航道上切出直線，它很可能輕易地弄沉我的船，我深刻地理解到這裡真的需要一座燈塔。此時，我坐觀遠處的燈塔，想著家鄉斯特布爾海角的燈塔，心想，不知哪些燈塔，會在我的未來扮演一角，在我個人的生命圖表中留下痕跡。那天海灣裡布滿了帆船，彷彿整座城市的人都跑來海上了。小艇在溫暖氣候形成的海風中飛馳，有些較大的遊艇，還有一些絕美的古典木帆船在周圍航行，她們沉重的帆布被風吹得鼓脹。

我坐觀世界從眼前走過，心中平靜無比。翌日早晨，我打電話給仲介，說明自己喜歡這艘船哪些地方，以及船有哪裡需要修理或更改。我給了他一個報價，略高於要價的一半，並解釋為何我覺得這個價錢很公平。我心中彷彿能看到他在電話的另一端點頭。

「這件事就交給我吧，我會去跟船主談一談。」

那天結束之前，船就變成我的了。我是這艘所有權被分成64份的船的新船主，我擁有全部的持份。這是一艘1964年的尼科爾森32號船（Nicholson 32）。船身雖小，破舊而不待見，卻是我的，是我用來探索大洋的私屬世界，其情感價值無可衡量。人家說，幫船改名字不吉祥，但此時此刻，我覺得命運站在我這邊。我思忖各種名稱，想過將她命名為海洋傳奇、信天翁號，或是*Phocena phocena*，紀念我小時看到的港灣鼠海豚，或者是*Grampus griseus*，紀念一直令我好奇無比的里氏海豚。這些都是好名字，但當我站在甲板上低聲複誦時，沒有一個感覺是合意的。不，我要將她命名為「英勇號」（Brave），因為她所象徵的一切。

我在西南部待了幾個星期，親自動手修船，找朋友們幫忙，還有一些專業的協助。我的背還在復原中，我很難接受自己不僅**不必**凡事親自動手，而且有時我的身體就是辦不到。我扛不動沉重的燃料桶，需要別人幫忙才能安裝主帆。然而我對自己這些年來累積的知識感到訝異，我是在需要用到時才曉得自己都懂。我打算等英勇號一準備就緒，便從康瓦爾郡，彭林的泊船地，直奔彭布羅克郡的米爾福德港。憑一己之力駕船回鄉，是我夢寐以求的事。這不會是我最遠的航程——總共才141海里——但將是我擔任船長時最長的航行。我有兩位朋友在啟航回家的前一晚深夜，趕來陪我同行。

我們的小信天翁並未與朋友同行，牠獨自上路。雖然信天翁素以史詩般的長距離飛行聞名，但對於剛離巢的小鳥而言，現實卻充滿各種掙扎。牠雖耗費數個月的時間努力長大和鍛鍊翅膀，但為飛行做準備跟實際飛行卻是兩碼事。牠的飛行與優雅僅維持了短暫的時間——小信天翁發現自己羽翼初豐的身體被重力拽往水面，接下來10到15天中，牠將花費數小時，甚至一整天的時間留在海面上，游泳與休息相互交替，努力朝北方飛行，並一天天地提升自己的力量、技巧與耐力。

似乎有幾個原因可以解釋，為什麼羽翼初豐的漂泊信天翁最愛選擇亞熱帶的水域作為目的地。那邊天氣較為暖和，小鳥學習覓食時，不須花費太多精力去保暖。那邊的覓食競爭也相對少，漂泊信天翁在南大洋所有鳥類中，是頂級的掠食者，牠們雖能戰勝所有其他種類的信天翁和海燕，但還是必須跟其他漂泊信天翁競爭。成鳥比較喜歡在亞南極和南極地區覓食及飛翔，因此競爭較少的亞熱帶，成了小信天翁磨練覓食技巧的好地方。當然了，爭搶食物的情形依然存在，但僅限於處於類似發育和經驗階段的小信天翁之間。

漂泊信天翁一生各個階段中，我們對幼鳥階段（juvenile stage）瞭解得最少。雛鳥（Fledglings）因某種結合了先天與後天學習的未知機制，都表現出相同的行為。牠獨自離巢，沒有父母陪伴。也許父母中的一隻或兩隻會回到伯德島，餵牠最後一餐，結果卻發現鳥巢已空，牠們的雛鳥已經離巢而去了。小鳥的離巢結束了父母的繁殖週期，這對夫妻隨後分道揚鑣，踏上各自的海上之旅，等兩年後再回到伯德島相聚。如果牠們都能安然地返回繁殖群落，牠們將相互問候，產卵、受精、孵化，再次展開繁殖的循環。雖然我們的雛鳥與許多其他成功離巢的雛鳥在同一期間離開，但牠們並不會結群而行。牠獨自飛翔，每天都能稍稍飛得更遠、更快。隨著飛翔技巧的精進，牠在海面停留的時間也隨之減少。六個月後，牠將具備成鳥的飛行效率。也就是說，如果牠能在接下來的六個月裡倖存下來的話。

對漂泊信天翁而言，幼鳥期的第一年中死亡率最高，尤其是牠們在海上度過的前兩個月。有些幼鳥可能永遠學不好能成功覓食的高效飛行，原因也許是雛鳥在離開伯德島之前，未能獲得增強體力的充足食物。漂泊信天翁主要靠飛行獵食，因此飛行的距離，可以最大限度地增加獵獲食物、為身體提供能量的機會。或者有些幼鳥會遇到極端的氣候條件。

牠既是獵者也是機會主義者，牠會獵殺自己的獵物，但也很樂於撿食動物的內臟。漂泊信天翁以三種方式捕獵或覓食，第一是透過視覺。漂泊信天翁一天飛行數百英里，在海上尋找獵物。雖然有時我們會覺得開放海域有如荒原，像一大片水漠，但你若瞭解海洋，便知道該往哪兒找，海中確實有著豐富的生命。魚和魷魚是漂泊信天翁的主食，牠們最愛吃南極圓鱈（Patagonian toothfish），還有三種魷魚家族，分別是爪魷科（*Onychoteuthidae*）、帆魷科（*Histioteuthidae*）和小頭魷科（*Cranchiidae*）。漂泊信天翁消耗的魷魚量，與另一種龐大的海洋巨獸，抹香鯨，不分軒輊，雖然牠們的獵食方法並不相同。漂泊信天翁從上方在水面獵食，抹香鯨則利用聲音在深海捕食，而且喜歡以深海的成年大魷魚為食。漂泊信天翁不是潛鳥，但從其胃部內容物可以看出，深海魚類也是牠們飲食的一部分。我們並不清楚牠們怎會捉到這些魚，但有一種可能是，牠們食用已經死掉，並浮至水面的深海魚類。記得我在亞速群島看過一隻死掉的深海大魷魚漂在水面上，它被抹香鯨帶上來棄置，而那當然處於漂泊信天翁的可及之處了。

漂泊信天翁尋找獵物的第二種方法是嗅覺，牠們跟所有信天翁——以及暴雪鸌、鸌鳥（shearwater）和風暴海燕等——都屬於鸌形目（*Procellariiformes*）。鸌形目皆有高度發達的嗅球，這是牠們大腦的一部分，使其能控制自己的嗅覺。嗅球中的神經元經由鼻腔接收資訊，然後將訊息傳到大腦其他部位。漂泊信天翁的嗅球，是現存鳥類中最大的嗅球之一，牠們在空氣中搜尋氣味，引導牠們找到食物。你可以從牠們的飛行模式，看出嗅覺的狩獵法。海洋上瀰漫著各種氣味，隨著微風和上升氣流，在水表的空氣中流動，這些氣味的移動方式，未必呈源頭較濃、往遠處遞減的梯度式擴散；反而是順著下降風，像一團團混亂的羽流、濃度各異的渦流般，在空氣中飄移。

漂泊信天翁的飛行效率是出了名的高。早在飛機發明、人類能於空中飛行之前，水手們便在觀察信天翁了，他們驚嘆這種鳥類幾乎無須揮翅，便能不費吹灰之力地翺翔，輕而易舉地超越他們的船隻。南大洋的風跟這種鳥一樣傳奇。地球這處的陸地非常稀少，因而形成了極地渦旋（polar vortex），這種氣旋能暢行無阻，不斷擴大，因此分別在南緯40°、50°和60°，得到了「咆哮40度」、「狂暴50度」和「尖叫60度」的綽號。少了海岸線阻擋的海浪，在這裡積聚能量，如山的浪濤成為一大片變幻莫定的液態能量。漂泊信天翁利用一種名為動力翺翔（dynamic soaring）的飛行方法，來駕馭這些極端的自然力量。漂泊信天翁直接乘風而行，我若試圖把這套方法用到自己的帆船上，船將會停滯不前，且帆布會瘋狂亂拍。為了航行，你得側風約45度，方能保持前進。每次你搶風掉向，讓船首穿過風，把船帆設到船的另一側，以改變方向時，便會減失船速。然而信天翁卻能不斷向上推升，乘風積累位能（potential energy，譯注：亦稱勢能，一種物理能量），然後轉頭掉向，側風飛升，然後順風而下，將位能化為翅膀下的動力，完成下降俯衝的動作，然後再次展開這個過程：轉向風中，飛升，側風而飛，然後俯衝，形成一種之字形的飛行模式。

由於氣味分布順風柱（downwind columns）中，我們的信天翁必須利用之字形的飛行模式跟隨逆風，以便將在下降俯衝時所損失的浮力減至最低。信天翁在逆風飛行時，因氣味擴散時的混亂特性，牠可能會飛出氣味的渦旋，而跟丟獵物。側風飛行時，是牠最有可能重新找到獵物氣味的地方，然後再次轉向逆風，逐漸接近牠的獵物。以氣味鎖定獵物，使信天翁能在沒有月光的黑夜、濃霧籠罩或視野模糊的風暴氣候中狩獵。研究顯示，信天翁約有45%的獵物是透過氣味追獵到的。

萬一視覺和嗅覺都未能幫信天翁捕獲獵物，另一個選擇則是耐心。有一種稱為「坐等」的技巧。小信天翁將坐在水上，邊休息邊等待獵物浮出水面或漂到附近。「坐等」的地區似乎不完全是隨機的，而是獵物很可能會浮現的地方，信天翁也許是透過學習的行為或感知的線索，來確認這些地點。

很多人，包括我自己，也許永遠看不到飛行中的信天翁。南大洋是地球上最荒涼的地方之一，這些鳥在漫長的一生中很少在岸上停留。然而，過去四個世紀來，漂泊信天翁在西方的意識中留下了深刻的印記。1616年，第一批歐洲水手繞過南美洲尖端的好望角，繞過大西洋與太平洋交匯處。這條航線充滿危險，但風險很快就變得有利可圖了，首先是歐洲君主競相爭奪太平洋，後來成為快船航線（clipper route，譯注：利用咆哮40度的風，可在印度洋高速往東前進到爪哇島）和穀物競賽的一部分；繞過好望角成了把貨物從澳洲運往歐洲的最快途徑——100天就算是快速橫越了。隨著貨物交易，各種故事也傳播開來。水手們描述咆哮40度的狂風巨浪如何忽然變成風平浪靜，而巨大的白鳥如何跟隨船隻，像鬼魂或溺斃水手的靈魂般，在風中翺翔。即使在17世紀初，信天翁也被賦予或背負了象徵性的意義。

到了18世紀，鬼鳥的神祕故事傳到英國詩人山繆・泰勒・柯勒律治（Samuel Taylor Coleridge）的耳裡了，也許是從他的導師威廉・威爾斯（William Wales）那裡聽來的。威爾斯是位天文學家，曾搭乘詹姆士・庫克船長（Captain James Cook）的旗艦，隨他穿越太平洋，尋找一片名為「未知的南方大陸」（Terra Australis Incognita）的假想陸地。「未知的南方大陸」僅是一種假設觀點，他們認為南半球必然有片大陸，以平衡北半球上繪製出來的已知陸地。儘管這個大陸只存在於想像中，但信天翁卻非常真實，給威廉·威爾斯留下了深刻的印象，然後又傳給了柯勒律治。柯勒律治歷時一年，完成了《古舟子詠》（The Rime of the Ancient Mariner），是他最長的詩作，當它首次與華茲渥斯（Wordsworth）的作品，一同在1798年的《抒情歌謠集》（Lyrical Ballads）中發表時，受到許多讚譽和評論。

《古舟子詠》的主角是位眼神炯亮的老水手，他在前往婚禮的路上攔下一名賓客，並急切地開始講述自己很久前的一次航海故事。很快地，婚禮的客人和讀者便都被拉入一個充滿荒野、驚濤駭浪、裂冰與濃霧的世界裡了。

我們會被一片迷人的敘事網捕獲，脫離當下，來到南大洋的一艘船上。老水手描述一場將船隻吹離航線，帶至冰寒水域的暴風雨，他談到當時漫天大霧中，出現一隻漂泊信天翁的瞬間，鳥兒平靜安寧地展翅翱翔。這隻漂泊信天翁陪船隻飛翔數日，在船尾俯衝並飛升，水手們琢磨著牠究竟是出於好玩還是為了覓食。總之，海風穩健地吹送，彷彿拜賜於那隻優雅的大鳥。然而後來水手沒來由地拿起他的十字弓，送出一箭，將巨鳥射落。空中的巨人就此被奪走了。大鳥墜落後，水手們的命運很快起了改變，大自然開始與他們作對了。海風停滯不動，船帆連微風都吃不到，他們的航程無法推進。發光的生物有如邪惡的咒語般，在海面上舞動。那隻墜落的信天翁成了一種實質的負擔，吊掛在那個莫名射死這隻巨鳥，陷世界於混亂的男子脖子上。其他船員在水手身邊接連死去，然而他卻無法擺脫他們懲治和批判的眼光。白晝變成了黑夜，其中爬滿了邪惡的靈魂，水手被迫喝下自己的血，這是一場邪惡的聖禮，因為鹹鹹的大海裡沒有淡水。唯有當水手開始祈禱和懺悔時，才獲得解救，信天翁的重擔從他的脖子上卸下了，水手開始漂泊流浪。信天翁是一種連接，是自然界與精神世界的橋梁，同時存在於兩者之間。水手活了下來，不斷地追求悔罪，並傳述他的故事。

我曾遇見自己的「老水手」，他雖然未對我提出警語，也不曾懺悔，但他那炯炯有神的眼睛，確實很吸引我，而且他還給我上了一課。我在第一次長途航行中遇見他，當時我從英格蘭橫渡北海到挪威。我們乘駕的木船是相遇的完美場所，船上有厚實的布帆、亞麻繩索、沉重的舵和塗上焦油及油脂的桅杆。我不確定他到底有多大，但肯定很老。他那飽經風霜的臉上，留有時間刻下的溝壑。他的頭髮多已掉光，只剩幾縷柔絲隨風飄動。年邁的他變得脆弱，身體有各種問題，但他的腦子依然犀利到能拿來割玻璃。他以前是潛水夫，在近海工業的初期，潛至各區的深水裡。後來，他加入商船的船隊。

我當時正在公開大學念書，修了一門初級科學課，為當年稍後攻讀學位做準備。我有個作業得在我們抵達港口當天提交，所以我在船上工作之餘，每天會騰出幾個小時，帶著筆電和書籍坐到交誼廳桌邊。老船長跟我坐在一起，他問我在幹啥，我如實相告。他答說自己也在公開大學上課，但他沒有要拿特定的學位，只是隨心所欲地選修地質學、文學之類的，然後是歷史或其他感興趣的科目。當我在死嗑碳氫化合物和蛋白質合成時，常沮喪地搖頭。我確實想讀這個——是我自己選擇修這門課的——但我好嫉妒其他在輪值和工作空檔間，能坐下來聊天、看書或睡覺的人。我發現工作本身很有難度，加上我在航行的船上，睡眠時間減少，變得更不容易。老水手看著我，用濃濃的諾福克（Norfolk）腔說話。他的聲音很疲憊，是那種被香菸熏了一輩子，加上後來罹癌的破碎煙嗓；他輕聲地說，卻字字引我共鳴。

「不要停止學習，女孩，永遠別停止學習。人不學習就變老啦，到頭來那會害了妳。」

老水手從來不想上岸。無論是在挪威、丹麥、德國或荷蘭。他說這些地方他以前全去過了，但我覺得他真正的意思是，我們停靠的港口，不是他參與這次航行的原因。他會在那裡是因為船和大海，比他曾經去過的任何地方，都更像家。他知道自己將不久人世，他想最後一次回家。夜裡老水手站在甲板上，佝僂地披著一件巨大的米色大衣，依在小艇邊，即使是在溫暖短暫的夏夜裡，也裹得嚴嚴實實。回程的最後一夜，我們穿越北海向西航行時，天氣和暖平靜，夜色幽暗。風停了，帆已收起，我們靠引擎帶我們回家。烏黑的海和天在幽暗的午夜中融為一體，一時間說不清我們究竟是在水中還是在空中航行。船隻前移，尾跡出現了泛光的絕美綠松色。我以前從沒看見過，後來也沒有，魔法般的光線照亮了黑夜。我很高興能與老水手一起分享這份奇蹟，也許是大海在跟他做最後的告別吧。我的第一次航行，將是他的最後一次，如今他的骨灰已葬在北海裡了。

當然了，漂泊信天翁的死，並不是一個人的暴力行為所致，而是我們集體行為的結果。漂泊信天翁是獵食者，也是食腐動物，靈敏的嗅覺引領牠們追隨漁船，就像牠們曾經追隨古舟子一樣。當延繩釣鉤（longline hooks）設妥並下了餌，準備捕捉鮪魚和南極圓鱈時，便會有一群鳥聚集在漁船四周。有漂泊信天翁、較小的信天翁品種、海燕等，但漂泊信天翁的位置最危險。投下的延繩釣鉤拖在船後可延伸80英里長，漂泊信天翁投身其中，以魚餌或捕獵的漁獲為食，絲毫未能察覺到危險。有時，鳥兒能毫髮無傷地全身而退。有時，鉤子從線上斷開，卡在漂泊信天翁的喉嚨裡，或被其吞下，在胃裡生鏽，或被當成雛鳥賴以生長的食物，反餵到小鳥的肚子裡。更糟糕的是，信天翁可能會被線繩纏住，或被鉤子勾住。偉大的海洋漂泊者便如此纏在漁線上，被極盡羞辱地拖過海面而溺斃。被捕的信天翁並不具備商業價值；牠成了混獲，這種殺戮跟《古舟子詠》中的一樣沒有意義——更糟的是，這甚至不是故意的。

作為混獲被捕，是所有漂泊信天翁面臨的威脅。而且隨著南大洋和亞熱帶漁業的擴張，人類為了供養不斷增長的人口而推進南邊海域的前緣，使得這項威脅日益加劇。漂泊信天翁的幼鳥，比成鳥更能感受到這種不利的影響。以前，飛往更溫暖的海域對年輕的信天翁可能有所幫助，但現在這些地區的延繩捕魚作業更加頻繁了。年輕的信天翁在學習自食其力、獨自在世上飛行時，成為混獲的機率會比成鳥高。柯勒律治對南大洋的漁業一無所知，且當時還沒有混獲和人為氣候變遷等詞彙，但他幾百年前的詩作，卻以一種越來越令人難安的方式遙遙相應。

一吃完早飯，我就趁著晨汐出海，開著自己的新船回家了。我們駛出卡里克水道（Carrick Roads），往利澤德角（Lizard Point）駛去。利澤德角往南延伸，周圍的海域形成一股湍流，但我已經制定好航程，利用這股急流來提高航速。天氣很好，清風徐徐。我看了一下手錶，決定靠陸地近一點，那邊的潮流最為強勁，以便抓住最後的機會。這是個正確的決定，我們剛通過立在岬角上的燈塔，潮勢就變了，溢流開始在我們身後湧起；任何還在岬角附近的人，都會經歷顛簸的航行。蘭茲角（Land's End），英格蘭最西端的岬角，是本次航程的第二個，也是最後一個防潮閘門（tidal gate）。我們一繞過岬角，就會轉往北方，暢通無阻地航行100英里。我之前只繞過這個岬角一次，而那回是往另一個方向航行，害得我很緊張。那邊的潮流很強，岬角周圍的沿海水域布滿岩石，你若離岸太遠，就有可能進入航道，會有每小時20節速度的大油輪向你逼來。有一個優勢是，蘭茲角周圍的潮流，對由西往東的航行更有利。我手握著航行計畫，逐一核對行經的主要標誌，低聲念出它們的名字，如康貝斯（Carn Base）、朗納石（the Runnel Stone）——算是一種詭異的康瓦爾式祈禱。我們一繞過卡布拉斯（Carn Bras）島上，沐浴在夕陽下的長船燈塔（Longships Lighthouse），航程最艱難的部分就結束了。風完全停了，我們只能發動引擎，但水面光滑閃亮，彷若一片無垠的水銀，可以永遠在上面滑行，至少感覺是這樣的。也許我們可以忘卻目的地，忘卻所有的計畫，繼續前行，直接越過柔軟溫和的大西洋。

不過我們還是保持航徑，朝偏離正北幾度的方向前進。夜裡我們在甲板上換班守夜，保持行船平穩。偶爾我們會看到遠方的漁火，但大多時候，這世界由我們獨享，我們後方泛著微弱的螢光。天亮了，大夥在駕艙喝完咖啡後，我獨自晃到船頭。英勇號俐落地劃過水面，四周殘霧繚繞，但等太陽升起，一切都會消失。當我們進入彭布羅克郡水域時，迎接我們的是海鸚鵡、刀嘴海雀，和在水面划著水的海鳩，我們一靠近，牠們便潛入水中了。一隻小鬚鯨的光滑背部在水面上翻滾，復又消失在藍海裡。我們在行進時遇到一隻姥鯊，這是自我童年後，見到的第一隻。牠三角形的背鰭高高地伸出水面，嘴巴張得老大，過濾水中的食物。我從船頭指著牠，但牠很快就消失了。航程結束時，一群在船首乘浪的真海豚護送著我們，當我們進入克萊德河，駛向港口碼頭時，牠們還興高采烈地跟在船尾。感覺家鄉的海岸線在歡迎我們回來，像是認可了那段旅程對我的意義。

雖說返家航行極為成功，但並不能預示我能回歸受傷前的生活。事情進展雖然順利，但我常常覺得自己在等待下一場災難。我在脊椎受傷前，不曾有過焦慮的經驗，但我現在隨時處於焦慮狀態，我很難表達自己的感受，遑論是去處理它了。在我心裡，我把航行視做療癒的同義詞，雖然我確信在某種程度上是，但它只是整幅圖的一片拼圖而已，不是全部。我在之前的夢中，一感覺手握住舵，便覺得光憑這點，就能使我再度找到人生的方向。我就像那隻初次離巢飛行的小信天翁，期待展開新的羽翼，乘著海風飛翔，但有時我會墜入海面，被迫漂游幾天，無法飛翔。我把前進的動力當成一種應對機制，看起來就像是有了進步或成就，是從逆境復活的表現。事實上，任何形式的運動，是唯一能使我不鑽牛角尖，不墜入混亂黑暗中的辦法。海洋從不曾靜止，那是我必須去的地方。

一天傍晚，我無法靜下心或進食，於是便解開纜繩，穿過船閘，獨自出海航行。夏末將至，天光漸落。掌舵的我非但未能感到安心，手反而在發抖。我看著陸地的陰暗輪廓，經過一個又一個的浮標，沿航道駛向大海。我要去哪兒？為什麼？有誰會在昏暮降臨時，一個人漫無目標地啟航？不，航行不是包治百病的萬靈丹，它當然不是。我需要的是時間和安穩，事後回想似乎相當顯而易見，可是當時卻很難理解。我忽然發現前方水面有個令人不安的白影，彷彿在嘲弄我。我的脈搏加速，心跳有如擂鼓，我緊握舵柄，握到關節都發白了。這個吵鬧的小鬼開始潑濺著水，瘋狂翻攪，呱呱亂叫地向我衝來，我跟著尖叫起來。那聲尖叫變成了發顫的笑聲。原來是隻塘鵝，只是一隻塘鵝罷了，有可能是隻離巢的幼鳥，被我的夜間漫遊攪擾了清夢。我推動舵柄掉頭，是該準備回岸了。

如果我們的小信天翁能扛住暴風雨，變得強大，如果牠能學會覓食並避免被漁線纏住溺斃，如果牠能活到五歲，那麼便終於能將自己的世界帶回島上了。漂泊信天翁在南大洋散布的島嶼上繁殖，在印度洋的克羅澤群島（Crozet Islands）、凱爾蓋朗群島（Kerguelen Islands）和愛德華王子群島（Prince Edward Islands），以及太平洋的麥覺理島（Macquarie Island）上，也能找到牠們的繁殖群落。我們的小信天翁雖然浪跡天涯，但當牠想上岸繁殖時，便會返回出生地，大西洋的伯德島。透過某種不明的指南針，小信天翁將跟著其他繁殖群一起飛回那裡。之前便已配對的夫婦鳥輕輕碰觸嘴巴，細心地為伴侶整理羽毛，在休完繁殖的「年假」後重新聚首。與小信天翁同期存活下來的鳥兒也將回歸，還有大牠一兩歲的鳥，牠們也想找到自己的伴侶。

還沒找到伴的雄鳥聚在一起，稍微遠離繁殖中的鳥群，因為人家可能正在交配或孵蛋。這些年輕雄鳥開始設法吸引年輕雌鳥的注意，牠們低頭張咬著嘴，快速地左右擺頭。牠們展開翅膀，頭部前伸，硬挺著長長的頸子伸出嘴。雄鳥將頭朝地面一低，然後突然一抖，發出低沉的喉音，迅速抬起頭，嘴巴朝空中一揚。牠在進行這種舞蹈時，雌鳥便在頭頂盤旋，飛過試圖引牠注意的雄鳥。這招似乎奏效了，因為當雄鳥把嘴巴指向空中時，雌鳥朝牠低飛過來，伸嘴輕輕觸碰牠。雌鳥落在離這隻被挑中的雄鳥不遠處的草脊上，然後開始搖搖擺擺地慢慢走向牠。

這些表演持續進行，年輕的雄鳥和雌鳥相互鞠躬，咬合嘴巴，點著頭，進行喙擊。如果雌鳥不確定雄鳥是真命天子，便會離開，整個過程又重新開始。不過就這個情況看來，這對鳥兒似乎已彼此心儀。牠們不會在那一年或後年繁殖，或可能連大後年都不會，但牠們每年都會持續返回繁殖地進行求偶，並強化牠們的伴侶關係。這隻雌鳥打算白頭偕老，只有當牠們一直無法產下健康的蛋，或共同撫育雛鳥時，牠才會更換配偶。等雌鳥終於準備回伯德島交配產卵的那一年，牠必須確保自己擇好良婿，牠們可以在漫長的孵育和餵養期間相互支持。一旦產卵後，牠得能信賴伴侶會回來跟牠換班，由雄鳥來孵蛋，而牠則能到海上補充食物和水分。當雛鳥孵化，並大到能被單獨留下時，這對夫妻便得同步行動，把牠們各自獨立覓食的飛行效率，提高到最大。牠可不想為了回來餵養雛鳥，而縮減飛行，結果卻發現孩子剛剛被雄鳥餵過。牠也不想在回島後，發現雛鳥營養不良。

在第一次返回伯德島的三年後，我們的信天翁在十二月初回到漂泊者山脊，牠如今八歲了，活過自然壽長快五分之一的時間了，是該繁殖的時候了。牠迎向自己的伴侶，這是牠在陸地上的熟悉夥伴。伴侶比牠稍微早到，而且已找到一個基座長滿草的巢位了。兩者磨著嘴喙，輕輕梳理對方的胸膛，各自發出低沉的喉音。時機到了。兩鳥交配，產下受精卵，母鳥用腹部貼臥住受精卵，就像牠的母親一樣，用自己的體溫來維護蛋的生命。蛋殼裡的細胞展開了複雜的分裂之舞，生命再度開始形成。牠輕柔地翻動自己的蛋，用一種前所未知的定靜默默坐著等候，而胚胎就在牠身體下發育。一個多星期過去了，牠發現自己開始望著天空，尋找歸來的伴侶。當雄鳥歸來時，牠們小心翼翼地交換位置，母鳥起飛升空。這是牠呆在陸地上繁殖後的首次飛行，牠得支持自己的伴侶，養育牠的雛鳥。牠迅速而目標明確地從南喬治亞飛往巴西，一路覓食，之後才會繞回去找牠的伴侶，回到牠的鳥蛋旁。

牠坐著守候，轉動鳥蛋。幾天過去了，數週過去了。牠坐守著輕輕翻蛋。牠越來越感飢渴了，牠全心照顧自己的蛋，但一邊急切地掃視天空。牠的伴侶在哪兒？牠坐著，等待，翻動鳥蛋，感覺自己越來越虛弱，體力漸失，而牠的伴侶依舊未歸。一天過去了，接著又是一天。牠漸感慌亂，牠本能地想孵化蛋，撫養將成為下一代信天翁的雛鳥。但牠內心有個更強烈的直覺，這份直覺讓還是雛鳥的牠，熬過了凜冽的寒冬，協助牠學會覓食，完善牠的飛行技巧，使牠能飛得更遠更快。這是牠的生存本能。

約莫1,500英里外，一艘漁船正在收線。牠的伴侶被漁線鉤到纏住，斷掉的翅膀纏在線裡，整個被拖上了甲板。雄鳥已經淹死了。若是有報備，牠將成為一個統計數字，成為一隻意外溺死的混獲，毫無商業價值可言。死了一隻鳥，能造成什麼損害？回到伯德島，母鳥在體力能忍受的情況下，盡可能地留在巢內。牠的雛鳥再幾天就要孵化了，周圍的巢中已經有毛絨絨的小頭探出來了，但牠非離開不可。牠無法再等下去了。牠缺乏食物的身體從未感覺如此沉重過，牠的雙翅知道該怎麼做。風把牠帶入天空，載著牠在南大洋上，展開一場悲傷之旅。

那顆蛋，一個包覆在蛋殼裡的完整世界，便如此被冷冷地遺棄在島上的巢裡。

我們的信天翁永遠不會知道牠的伴侶出了什麼事，經過那些年的悉心求偶後，為什麼雄鳥沒回來。牠很可能會尋找新的伴侶。伯德島的研究人員說，有時他們會看到喪偶的信天翁在一年內又找到伴侶，但其他信天翁則需要好幾年才能度過悲痛期。還有一些喪偶的漂泊者永遠不會再交配。我們的鳥兒不會是當季唯一喪偶，被迫放棄鳥蛋或雛鳥的信天翁。研究人員監測南喬治亞的漂泊信天翁繁殖族群，已超過30年了。1999年至2018年間，群島上有紀錄的繁殖對數，已從1,182對下降到661對。伯德島上的下降速度為每年3.01%。雖然自1980年代後，因捕撈方式的改變，使得信天翁的混獲數量減低，西南印度洋的漂泊信天翁繁殖群落有所恢復，但南喬治亞的數量依然持續下降，在短短的19年內，失去了521對繁殖對。如果這種下降速度持續下去，再過19年，南喬治亞便不再會有漂泊信天翁了。繁殖對的減少是成鳥和幼鳥死亡的結果，有時是失去繁殖對中的一位或雙位成員，有時是幼鳥沒能活到返回出生地，並找到伴侶的年齡。

我在15歲讀到柯勒律治的詩作後，便對漂泊信天翁深深著迷。後來在我術後康復期間，信天翁成了類阿片般的夢境裡的一環，與柯勒律治因毒癮而亡，形成了詭異的聯繫。對我而言，漂泊信天翁是一種圖騰，對那些天性喜愛流浪的人，是希望的象徵。這種鳥在許多文化中，也具有象徵意義：讓人聯想到自由、力量和流浪欲。海員認為看到信天翁會帶來好運，在柯勒律治的詩中，信天翁帶來的運氣，會對應人類的行為，而由好轉壞。對古舟子而言，當他用弓箭射死信天翁時，自然界便立即給予反擊了。海風止息。雨水不再落下供他們飲用。對我們而言，人類的消費對這些海鳥所造成的傷害，遠在我們的視野之外，人類濫用自然的後果不是立即可見的。然而，對這種崇高物種緩慢而疏忽的迫害，卻是一種掛在人類脖子上的沉重羞辱。好比古舟子，我們還有時間悔悟，還有時間瞭解這些大鳥跟我們一樣，對地平線外抱持著本能的好奇，既渴望去漂泊，也迫切地想回家。

第五章　座頭鯨

夏季為彭布羅克郡的海岸帶來了薄霧與喧囂。我雖然已經買下英勇號，還從康瓦爾長途駕船回家，但我在海上的時間還是相當有限。我一得空便駕船出海，通常是在晚上，沿克萊德河到戴爾（Dale），然後下錨、游泳。我向來挑某個我知道沒有海草的地點下錨，這樣錨就不會刨過海洋植物了。我有兩門大學修課的考試進度要趕。我的記憶力一向很好，但自從長期吃藥、動過手術、休養康復後，資料便記不住了，我不得不重新制定自己所有的學習方法。我在努力背誦筆記時，思緒會突然轉回去年那些較不愉快的時刻，海洋資訊跟我的健康狀況夾纏在一起，我不得不停下來，坐在英勇號的交誼廳裡，我呼吸急促，渾身盜汗，直到自己平靜下來。我還在計畫自己的論文項目，得在下學期之前完成我的田野調查。我想把英勇號開到彭布羅克郡海岸外的水域，像在露脊鯨號上那樣橫貫航行。但這會是一場視覺調查，沒有水聽器的聲學調查，對我目前的階段來說，聲學調查還言之過早。我在當導遊時知道這片水域有小鬚鯨、長鬚鯨、座頭鯨、真海豚和里氏海豚，但以前這些，全是在嘈雜的機動船一日遊時看到的。我想出航，遠離陸地，在風中靜靜行駛，記錄我們的邂逅。

即使缺少聲學元素，這仍是一個雄心勃勃的想法。彭布羅克郡海岸外的水域潮汐變化極大，若是不懂得如何找到航徑，很容易便會撞上岩石和暗礁。如果需要躲避惡劣的天氣，可用的安全港口和下錨點也不多。然而我在這些水域已混跡多年，把它們當成家了。它們是我最愛的水域，我想找到更多關於鯨豚類在這些水域中，如何以及在哪裡棲息的經驗數據。我對里氏海豚特別著迷，但牠們比真海豚更難找，真海豚常會靠近船首，我在當導遊時見過牠們，據還在導遊業工作的朋友說，現在越來越常看到了。我讀過一些研究，主要針對里氏海豚，用影像辨識的方式進行識別，這是可行的……他們記錄到32次，在彭布羅克郡海岸附近看到的母豚和幼豚，這些水域似乎是這些海豚的重要繁殖或哺育場所。我想增加一些數據資料，支持這個論點。

不過首先，我得履行去年對母親許下的承諾：參加進階船長考試（Yachtmaster exam）。在英國，進階船長必須取得一種「資格證書」，但這在國際上也得到認可。考試分為不同等級——沿岸（coastal）、離岸（offshore）和跨洋（ocean）。你可以按自己的把握和學習來參加考試，但如果你從事特定程度以上的商業活動，也會需要這份證照。

母親要求我參加考試時，我覺得有點受傷。她為什麼認為我不會航行，為什麼她需要由別人簽署一張昂貴的證書，去確認我自己就能告訴她的事。她的回答非常平靜而具說服力，老媽解釋說，她根本不瞭解我在海上是什麼情況。駕船，更不用說離岸航行，離她的經驗太遙遠了，就像她自己的媽媽，也完全不懂藝術世界一樣。她不是不信任我，因為她很信任我，但為了防止出岔子，她必須知道自己已經盡過一切努力，確保女兒的安全。

漂泊信天翁媽媽不會跟著幼鳥離巢，帶領牠飛向大海。雌鳥會提供食物，一頓又一頓地餵養雛鳥，讓牠長得足夠強壯，能自行探索南大洋。我也很欣賞海洋的美與航行的冒險，部分原因在於海洋的危險性。危險且必須敬畏。於是我報名參加離岸航行的考試。多年來，我一直在積累必要的航海里程數和經驗，雖然我已經參加筆試了，但還沒完成實測。

準備考實測的兩天前，我忙著更新我的海上生存和急救證書，並做私人體檢時，接到了一通電話。電話是理查．麥克蘭根（Richard McLanaghan）打來的，他是海洋保護研究中心的聯合主任之一，該中心是運作「鯨魚之歌」號的非營利組織。

「鯨魚之歌」是一艘訂製的21公尺帆船，專事海洋各處的鯨豚類調查。這項計畫始於1987年；目前的這艘船其實已經是「鯨魚之歌」二號了。第一艘船和船組人員在協助亞速群島從捕鯨島變成賞鯨島的過程中，發揮了關鍵作用，證明這些生物活著比死亡時，更具價值。幾年前我與理查取得聯繫，登上「鯨魚之歌」與他會面，討論在船上積累經驗的可能性。此時我的名字似乎又被提起了。「鯨魚之歌」一直在做整個地中海的鯨豚類調查，以符合「黑海、地中海及鄰近大西洋地區鯨豚類保護協議」（ACCOBAMS）的要求。調查由聲學橫斷面，及距離採樣組成，以確定地中海鯨豚類的數量與分布。「鯨魚之歌」的船組包含來自調查區域四周國家的科學家和保育人員，有地中海區和北非海岸的人員。現在調查進入最後階段了，他們想找些臨時的船員。

理查問我想不想在船上找個職缺，我立刻答應了。這其實沒什麼好考慮的，我在買下英勇號和報考進階船長證的期間，銀行帳戶幾乎已經空了。我的錢不夠支付下學期的大學學費。我的理由不僅是經濟上的，需款孔急也有助於忘掉我的冒牌者症候群。多年來，我一直認為「鯨魚之歌」是我的夢幻工作，但我也一直懷疑自己能夠做到。「鯨魚之歌」比露脊鯨號大得多，有68英尺長，露脊鯨號是40英尺，英勇號為32英尺。「鯨魚之歌」為0級別，能在任何地方航行，從溫暖的地中海到格陵蘭或南大洋，漂泊信天翁所到之處皆行。船內有四個臥室、一個大交誼廳、設備齊全的廚房、儲藏室裡的工作間，以及——對我來說最神奇的是——船上有兩個淡水淋浴間。船身設計不僅能跑遍全球，而且還能在海上進行長時間研究，無須上岸。能夠待在海上，做商業航行，並研究鯨豚類，意味著我將同時探索並回饋大海。這簡直是至高無上的特權。理查好像挺高興的，但他在掛電話前問了最後一個問題。我有進階船長證嗎？

「我兩天後開始考試，」我說，「應該31日前會拿到。」

應該8月31日前會拿到，然後我在9月2日再搭機飛到克里特島（Crete）跟「鯨魚之歌」會合。

8月27日，我滿24歲生日後的兩天，我開始準備考試了。跟我一起參加考試的只有另一個40多歲的男子，但船上還有兩名正在學駕船的女生。我所有的準備和考試，都在普利茅斯灣和周圍的河流進行，所以我趕完大學的補考後，便直奔水上。頭三天是一連串忙亂的演練、夜間導航練習和航行制定。第四天，考官踏上船時，我的手忍不住發抖，只好強迫自己深呼吸。時候到了。考試一開始，我便不那麼緊張了，因為我把考試當成一連串要逐一解決的挑戰。我們得在沒有GPS的情況下航行，雖然現在很少有不用GPS的情況，但能夠不依賴導航是非常重要的。由於天氣溫和，我的大部分任務都是在航行中完成的，我在退潮時，摸黑把船開到塔馬河。發源於伍利高沼（Woolley Moor）的塔馬河流入普利茅斯灣，有著潮汐變化，退潮時大片的水域會變成泥灘。1800年代初期，有專門為這條水道打造的河用貨船，她們吃水較淺，即使退潮時，也能盡量遠行。我知道有一艘這種駁船仍在航行，船以塔馬河的一條支流命名，叫里納號（Lyhner）。不過現在里納號載的是包船的遊客，而不是貨物了。我駕的船跟里納號不同，龍骨為正常深度。

我得小心避免擱淺，檢查我的潮汐計算，我不停地查看時間，確保有足夠的水深。夜色極黑，時間很晚，因為我們得等夏末的太陽下山。大片的上游區設有浮標，但並未點亮，所以我無法靠閃爍的導航燈來引導。我只能勉強看出河岸，我聽到黑暗中傳來麻鷸（curlew）細微的叫聲，我能想像牠們等待潮水退到淤泥處，然後開始在這片潮間帶挖食無脊椎動物的情形。除了這些涉禽的叫聲外，我利用另一種聲音來找尋自己的方向。船底的聲納發出信號，將底下的水深傳回給我。我拿到的航行圖上顯示一條五公尺的等深線，沿著德文郡一側的河延伸上去。圖上的深度顯示出測量基準，也就是最低的天文潮位。我已經計算出我們航行時，特定日期和時間的測量基準水深該有多少了，並利用該條線來找到前進的方向。如果測深探測儀（depth sounder）的讀數開始變淺，表示我離岸太近；若變深，表示我在河中央，可以調整航向。等我找到指定地點後，考官要我到甲板下，在目不視物的情況下，再次把船開回塔馬河口。我知道得靠聲音輔助我，而不是靠視覺，我不覺得這是個大挑戰，但是待在航圖桌邊的我，必須跟留在甲板上的船組，做非常明確的溝通。大夥摸黑沿河前行，我不斷地計算，利用船速和時間估算我們已經航行的距離。我被要求在到達橫跨河流的鏈式渡輪之前停船。我告訴坐在交誼廳對面，監視我每個動作的考官說，我們已經到了。他問我是否確定，我答說是。他問我想不想再檢查一次我的計算。我不想。揭露我們地點的是聲音，而不是我對數字的熟練。當我聽到熟悉的鏈條叮叮咚咚響起，拉著渡輪渡河，那聲音在寧靜的夜裡如此輕易傳開，我就知道我們在哪兒了。等我們靠岸時，已經凌晨三點。

第二天下午，在碼頭進行一陣操作後，我跑到帆船學校辦公室，問最後一些問題，並聽取考試結果。我通過了。考官問我對這次經歷有何感覺，我不太知道該說什麼，考試很嚴格，過去兩週，我被弄得筋疲力盡，不斷假想各種考試可能出現的狀況，以及自己該如何解決問題。我怕自己力有未逮，被看破手腳，退貨回家。可是考試開始後，我就愛上考試的每一分鐘了。當然很難考啦，但我再度搬出自己的座右銘。這件事雖然很難，但我以前幹過難事了。考官聽到我的回答後，告訴我說，他給我的考題，是有史以來最嚴格的。他說他對我的抗壓方式很感興趣，覺得應該能逼我做出超乎自己想像的事。我常回想當時的考試狀況，考官也許冒了一些風險，但那正是我需要的。一個素昧平生的陌生人能看出並瞭解我的能力，是一種讚美，這在我爾後面對困境時，給了我很多信心。

我與船組乾掉最後一杯酒後，返回彭布羅克郡告訴老媽這個好消息，並妥善地繫好英勇號，請老爸在我離開的這幾個星期裡，好好照顧她。

過了兩晚後，我在炎熱的夏夜裡，穿過克里特島的干尼亞（Chania），加入「鯨魚之歌」的行列，幾天後我們便要啟程前往利比亞一帶的調查區了。我趁大家等待其餘船員加入的期間，先熟悉船身內部。我在探索甲板時，有隻海豹游入了港口，好奇地盯著我工作。我問旁邊一艘野生動物旅遊船的人，那是什麼海豹，他們興奮地說是一隻僧海豹（monk seal）。牠顏色較淺，帶著銀光，很像我家鄉的年輕大西洋灰海豹。僧海豹的臉更為短圓，我對這種鰭足動物瞭解得不多，我在常看見海豹的彭布羅克郡長大，根本不懂這頭海豹有多麼不尋常。

後來，我才明白地中海僧海豹是歐洲最脆弱的海洋哺乳動物，牠們跟大西洋灰海豹一樣，很容易淪為混獲——被漁網纏住溺斃——但地中海的漁業捕撈更密集，正在摧毀這個族群。漁民還會殺死這些海豹，免得牠們爭搶漁獲。旅遊業給這些水域造成的壓力更加大，雖說彭布羅克郡在夏季時，已擠得水泄不通了，但多少還是有些僻靜的海灣和自然保護區，讓母海豹能在那兒安靜地繁殖。可是在這裡，人類侵犯了僧海豹的每個生活面向，從牠們吃什麼、如何捕獵，到牠們生育的地方都不放過。

下午溫度飆高時，我會休息一下，翻過港口牆壁去游泳。這是我這輩子第一次在溫水裡游泳。小時候我曾幻想潛入沒有凱爾特海刺骨冰水的地方游泳。徜徉於暖暖的水中真是太輕鬆愉快了，魚兒在我底下的岩石上游動，但這也令我慶幸自己來自一個海況更嚴酷的地方，想要尋找舒適，就得跨出邊界。

我們從干尼亞出帆，離開港口牆和構成該島的層層懸崖時，強勁的風勢將鹹鹹的熱風往我們臉上灌。剛開始與新船組相處時，總會有點尷尬，每個人都需要一點時間來適應新的節奏。調查後期，當每個人都熟悉船上的值班表後，除了用餐時間，就很難在甲板上找齊所有人了。不過就目前而言，駕艙裡十分擁擠，大家都寧可待在甲板上，以因應初期的暈船。

白天超熱，下午熱到我只能常往自己身上潑水，水乾掉後在皮膚上結成白色的鹽晶。我的小臥鋪很快有了家的感覺，雖然我還無法輕鬆入眠，但休息時會戴上耳機聽故事。這是幾個月來，我的腦子不再試圖未雨綢繆。我心滿意足，單純地待在船上，把岸上所有思緒拋諸腦後。我值夜班時，有一小時跟船長在一起，再跟另一位利比亞船員共度另一個小時。我們朝他家鄉的水域行進，兩人聊著天，他探問我的生活，我對他在利比亞的生活同樣好奇。那時我只住過英國，我這個20出頭的女生大部分時間都獨自生活。我旅行、讀大學，而現在，我如魚得水地待在海上，在一個我所熟悉的環境裡工作。他在我這20多年中，經歷過第一次利比亞內戰，目前正在經歷第二次內戰。他以前從未坐過帆船，對帆船的運作方式提出各種好奇的問題。他告訴我，他小時候極愛跳舞，但現在長大了，根本沒時間跳。就在地中海和北非海岸間某個地點，在星空之下，我們決定機不可失，於是這位仁兄在駕艙裡跳起了月球漫步舞。我們的船組由來自威爾斯、英格蘭、愛爾蘭、德國、西班牙和利比亞的人組成，大家都有完全不同的背景，但我們因熱愛海洋，最終齊聚於此。

「鯨魚之歌」最顯著的研究特點，就是以聲音探索海洋。我能透過水聽器聽見海底深處的聲音，聽見雨滴落在水面上的聲音；海豚的嘯聲與卡嗒聲；抹香鯨更響亮且規律的點擊聲；以及「鯨魚之歌」自己在海中行進時所發出的聲音——水的流動旋律。透過聲音，我們得以進入鯨魚的世界。許多人會在一天中聽到各種聲音，結果便開始忽略，使它們變成背景音。人類主要靠視覺來構建對世界的認知，因此很少停下來思考聲音的本質。

聲音是種聽覺的感受，一種物理的擾動。聲音一旦產生，便須透過介質來傳播。陸地上的介質通常是空氣，海洋中的介質當然就是水了。首先是聲體的振動，其次是聲音的傳播。假如有人在房間彼端喊你的名字，振動會始於他們的聲帶，他們用嘴巴將聲音塑造成一個詞，然後透過空氣傳播出來。我們藉由這個聲音來處理並確定資訊，朋友喊你是為了引起你的注意，你可以選擇理會或忽略。你也能從聲音獲取方向感——知道你的朋友站在哪裡，與自己的相對位置，以及距離你有多遠。朋友發出的聲音可用頻率和振幅來測量，頻率以赫茲（Hz）為單位，是聲波在一秒內通過介質的週期數的量化——即音高。振幅以分貝（dB）對數測量，描述聲音的壓力或強度——我們聽覺的響度。聲音在陸地上很有用，在海洋中更是不可或缺。

光線在海裡會逐漸減弱，超過200公尺以下深度，便進入弱光帶了。光在水中的衰減速度比聲音快，世界雖然變暗了，但聲音依然能傳播，聲音就是海洋的感官。1839年，詹姆士·克拉克·羅斯爵士（Sir James Clarke Ross）指揮兩艘船航向南大洋，他在其中一艘船上首度對深海的深度進行測量。他使用一根長達2,425英尋（近4.5公里長）的鉛錘線，以便觸及海底。我無法想像這條鉛錘線是如何儲放在船上，由水手部署處理，在海上獲得準確測量的，但他們把手邊的工具都用上了。1912年鐵達尼號沉船後，人們使用水下聲音的迫切性變得更大了；這場災難促成了一場商業競賽，爭相創造一種能探測水下物體的設備。1935年，日後被稱為深度聲納的裝置，提出最早的兩項專利申請，這跟我在塔馬河上，用來尋找航道時用的聲納一樣。其概念是，船隻在行駛時，朝水裡發射聲音訊號，然後按照訊號返回接收器所需的時間，去計算船與水中任何物體的距離。人們假設聲波會沿直線在水中傳播，因此訊號一定會直接傳向物體，然後直接反彈回來。

但事實並非如此。聲音穿過水表的速度平均每秒1,500公尺，但這只是平均值，聲音的速度會受到許多因素影響。首先考慮溫度，溫度會隨著深度減低。匯聚千江萬水的水表溫度較暖，深海較冷，形成了溫躍層（thermocline，譯注：海洋或湖沼等大型水體內部，水溫沿垂線方向急劇變化的水層）。隨著水溫降低，聲音的傳速亦隨之降低。而且，當聲波進入不同溫度區時，不僅速度會有所增減，還會發生折射，導致傳播方向的改變。然而，靜水壓力（hydrostatic pressure）和鹽度也會改變聲音在海洋中的傳播速度。越到深海，上方的水就越重，靜水壓力便越高。增加的壓力抵消了溫度降低所帶來的影響，使聲波在速度和方向上不斷改變。儘管聲波的傳播與水流無關，但任何水中發生的氣泡混濁，都會改變聲音的速度，因為聲波會暫時通過空氣的介質，而不是水。雖然聲納的設計，是為了測量水深及探測水表下的物體，將實體的碰撞風險減至最低，但海洋中不是只有海床和冰山而已。聲音訊號會從魚、鯨魚、浮游生物、魷魚等海洋生物身上反彈回來。

1946年，三位科學家艾林（C. F. Eyring）、克里斯汀生（R. J. Christensen）和雷特（R. W. Raitt）在加利福尼亞離岸進行聲學調查後，提出一項發現報告。他們描述一段介於水面和水底之間，深約300公尺的水層。這種稱為「假底」的現象，不僅出現於太平洋，在所有海洋盆地都能發現。更有甚者，它並非靜止不動的；假底會在一天中的不同時間點，出現在不同的深度。這層海水最初被命名為ECR層，以發現者的姓氏縮寫命名。瑞秋·卡森在她1950年的著作《大藍海洋》中，討論了當時流行的，關於該層形成的三種主要假設。第一種是ECR層是浮游生物，第二種是由魚所組成，第三則是由魷魚組成。65年後我上大學時，ECR層被稱為深層散射層（Deep Scattering Layer, DSL），因為它會將聲音散射出去。

海洋本來就絕對不會只提供一種簡單直接的答案，卡森提到的幾種假設，各都證實了一部分的真實性。海洋的這層「假底」是由浮游動物、魚的鰾囊、魷魚和其他海洋生物所反彈的聲音形成的。浮游動物，即由動物和原生生物組成的浮游生物，白天棲息在更深更黑暗的水域裡。牠們在較暗的水域中很難被看到，因此不易被捕食。浮游植物會行光合作用，因此需要表層水域的太陽來產生能量。隨著太陽升起，水中能見度增加，浮游動物便再次下降。浮游動物是食物鏈裡的一環，雖然牠們只在夜間浮出水面，以減低被較大海洋生物吞食的機會，但海洋生物仍會聚集在牠們四周，隨之在海中上下移動，而DSL也就跟著晝夜的節奏，跟著黑暗與光明，忽上忽下了。DSL的確切組成因地而異，端看每個特定區域的生物多樣性而定。然而，來自燈籠魚科（*Myctophidae*）家族的燈籠魚，是該海層的常客，還有蝦、魷魚和管水母。

這一切說明了聲音在深海會以複雜的方式傳播，但瞭解其中的因素，有助於我們欣賞海洋音景的繁複美感。就某種程度而言，我們只能由水面上聽到的聲音去做想像。

我自孩提時，便以不同方式聽見海洋的聲音。鹹鹹的海風打從嬰兒時期，就在我生命中盤繞；哄我入睡的遠方濤聲；當我沿著懸崖邊的海岸小徑散步時，那令人難忘，在洞穴中和卵石海灘上陣陣迴蕩的海豹叫聲；火烏鴉嘶啞的鳴叫，標示出牠們在海陸邊緣地帶的位置。我第一次在北海航行時，學會了聆聽船帆上的風聲、索具的嗡鳴、舊木船發出的咿呀聲。夜裡輪班休息時，我會把耳朵貼在船殼上，聆聽流經船底的海水。我一向喜歡聽船員在我四周忙進忙出的隱約聲響，這表示在我睡著時，事情有人照料。搭乘露脊鯨號時，有個時段海洋像沸騰了似的，因為領航鯨圓呼呼的頭如泡泡般地冒出水面，我們可以聽到牠們高亢的嘯聲穿透船體的纖維。我聽過成百上千隻海豚的叫聲和點擊聲，牠們飛速鑽游，水花四濺地趕到船邊，在船首飛馳，與我們同步而行。我聽過鬚鯨（baleen whale）奇特的長嘆，還有長鬚鯨在浮出水面時發出的長長吹氣聲。我曾經迷醉不已地聽著抹香鯨用嗟嗟有節的聲音搜尋海底，並在找到獵物時，點擊聲提速成呼嚕聲。這些聲音交織成我個人的海洋聲景。

有一種鯨魚的聲音獨樹一幟，那就是座頭鯨（*Megaptera novaeangliae*）。我第一次看到座頭鯨，就在露脊鯨號上，我們才剛離開港口幾個小時，這頭鬚鯨就像是被船的名字給吸引到水面上似的。我並未看得很清楚——只見到深色的背部、短小的背鰭，和使這種生物因此得名的圓形座頭——當牠翻身潛水時，尾鰭朝上一揚，露出座頭鯨特有的白紋腹部，令我大喜過望。後來幾次又看得更清楚了，在某個夕陽西落，金光燦爛的傍晚，我洗完碗後從廚房出來，雙手又鹹又皺又冰（在露脊鯨號上，所有的碗盤都是在漫長的航程中，用海水清洗的。雖然近海環境到處都是水，但淡水卻是一種寶貴的資源）。我從扶梯走上來，所有船員全在船左舷的護欄邊張望，我把頭探過船頂蓋，瞧他們在看什麼。夕陽當前，就在離船僅幾公尺的地方，一隻座頭鯨從海面冒了出來，當牠從水中升起騰入空中，直到僅剩尾鰭仍留在水中時，我連大氣都不敢喘。牠疙疙瘩瘩的頭上，水珠如寶石般地四散飛濺，沿著鯨魚喉嚨的深溝淌流。那對長長的白色胸鰭優雅無比地劃過空中，一時間，牠似乎可以完全無視重力，繼續向上升騰。最後，引力還是把這頭龐然大物召回海中了，牠重重碰地一聲撞在水面上，水花登時四濺。我從廚房裡出來的時機不可能再棒了，我覺得非常幸運，鯨魚挑中了那個瞬間躍出水面。這是一種壯麗之美——一分鐘前我的手還泡在冰冷、鹹鹹的泡沫中，下一分鐘竟能目睹這頭鯨魚——將平凡的日常化成了神奇，但這就是與鯨魚共航的特性。

我們並不清楚鯨魚為何躍出水面。牠們向空中飛躍可能是一種向周圍其他鯨魚發出的信號，或許牠們只是好奇地想在水面上瞥一眼。這也可能是一種擺脫寄生蟲的方式，或單純地表達牠們的愉悅。躍出水面被歸類為座頭鯨在海洋環境中發出聲音的方式之一。我們稱衝出水面是種打擊聲，還加上鰭肢與尾鰭的拍擊聲——猶如海面上的鼓聲。牠們的其他聲音全發生在水下，或呼叫，或在水中迴響的長嘆，那就是著名的鯨魚之歌。

座頭鯨的歌聲已經與海洋之歌畫上等號了：忽而低沉，呼嚕作聲，忽而拔高。座頭鯨的歌聲複雜且不斷變化，由各種主題組成，而每個主題則由短句構成。單獨短句持續約20到40秒，可能不斷重複而構成主題。然後按特定順序演唱這些主題，整首歌可持續長達30分鐘。唱罷，鯨魚會停頓下來，然後重新再唱。低頻的鯨魚之歌介於30赫茲到8千赫之間，在水中可傳播數千公里之遠。我們無法瞭解座頭鯨歌唱的所有原因，同樣的，我也沒辦法告訴你人類為什麼要唱歌。我不知道自己為何非得畫圖寫作不可，也許是本能地想緩解混亂，或為了殺時間，或能更清晰地去探索。這是我所需要的，正如我需要水、食物、陽光和海洋。

座頭鯨棲息於全球所有的海洋盆地上，牠們是遷徙性生物，夏季在富含營養的高緯度冷水中捕食，秋冬時，便遷往較溫暖的熱帶水域交配繁殖。牠們遷徙的距離各有不同，紀錄顯示，在緬因灣（Gulf of Maine）度夏的座頭鯨，從其覓食地到西印度群島的繁殖區之間，往返4,600公里。在南極覓食的座頭鯨為了到哥倫比亞太平洋沿岸繁衍，而跨越赤道，往返16,000公里。粒線體DNA單倍型（Mitochondrial DNA haplotypes）顯示出，自從巴拿馬地峽切斷大西洋與太平洋後，北大西洋和北太平洋的座頭鯨便有了接觸和混合。人類以巴拿馬運河重新建立兩座海洋之間的連結，但對座頭鯨而言，連接北大西洋和北太平洋的路徑，是透過古老冰冷的西北水道（North-West Passage），這些水域現在變得更暢通無阻了。

以前認為，座頭鯨雖全年以叫聲作為交流方式，但牠們僅在繁殖季才唱歌，可能是為了吸引配偶。跟許多鳴禽一樣，只有雄座頭鯨才會唱歌，牠們複雜的歌聲在水中迴蕩。雌鯨在看到雄鯨之前，能依其所唱的歌略知雄鯨的大小，因為可依據牠被迫出水呼吸前，歌唱時間的長度來做判斷。唱歌不太可能是為了展現雄鯨的體魄、表示牠可長時唱歌，而不去覓食，因為實際上，許多座頭鯨在繁殖期間會禁食，僅靠春夏季時儲備的能量存活。座頭鯨之歌隨時間不斷變化，也會因地而異。北大西洋、北太平洋、南太平洋和印度洋繁殖季的座頭鯨之歌彼此間有明顯的差異，但結構上卻十分相似，即使聲音不同。每個繁殖季一開始，都會以去年座頭鯨群在該繁殖地傳唱的歌曲做展開，然後雄鯨再進行個別創新，創作一首新曲。所有其他該地區的雄鯨在聽到這首新曲後，便會開始慢慢採用一些短句，直到季節結束時，該區所有雄鯨都唱著同一首新歌。接下來的一年，牠們便重複這個過程，於是歌曲不斷變化，新創的曲子在族群中傳開，直至無處不在。

我們很容易得出這樣的結論：如果雄座頭鯨僅在繁殖季唱歌，牠們必然是為了吸引雌鯨，並獲得交配機會而唱的。然而根據發現，座頭鯨在遷徙期間和在高緯度覓食期都會歌唱。紀錄發現，遷徙時唱歌的雄鯨，比不唱歌的雄鯨游速更慢，這表示遷徙途中唱歌會消耗能量。那牠們為什麼還要這麼做？為什麼有的雄鯨會作曲，而其他雄鯨只是跟隨潮流？這是一種文化趨勢？抑或表示只有少數個體具創造力？我們知道抹香鯨表現出一定程度的文化，那座頭鯨呢？牠們傳達了什麼資訊？這對鯨魚社會和智力的本質有何啟示？關於鯨魚之歌，我們仍有很多待解的問題，但其神祕性，似乎只會更刺激我們的反應：我們在鯨魚的歌聲中聽到了自己的人性。直到1970年代，大眾才聽到座頭鯨的錄音，當時一位名叫羅傑・佩恩（Roger Payne）的生物聲學家發布了一張座頭鯨之歌的專輯，大幅提升了大眾支持終結商業捕鯨運動的力道。看來座頭鯨的歌聲，實際上激發了我們的人性。

座頭鯨能將聲音傳過數千公里的海域，雖令我們驚嘆，但我們忘了其實每個人都有強大的聲學足跡。世上的海洋實質上連接了地球所有的陸地，而西方社會有悠久的全球貿易史。這種貿易曾透過帆船運作，利用風力將貨物和人送往世界各地，但自從工業革命後，人類的生活步調急劇加速，如今貨船以燃料驅動。你若有智慧型手機，請先暫停閱讀一分鐘，下載Marine Traffic應用程式，便能在幾秒鐘內，看到並追蹤目前在世界各地移動的船隻，數量龐大到令人目不暇給。Marine Traffic不會顯示所有的船隻；許多像英勇號這樣較小的私人船隻，可能沒有安裝AIS收發器，因此並未註冊。Marine Traffic亦無法讓你感受到這些船隻產生的噪音有多大。渡輪的轟鳴，貨船的吼叫，私船引擎的隆隆聲。每次我們使用發動機航入海洋；每次我們輕輕一按，從半個地球外的地方訂貨並透過海運運送；每次我們食用非當季或非國產的食物，我們都給海洋環境添了聲音。而且還有比航運更吵雜或更具侵入性的人為噪音，我聽過在海床搜索石油時，地動山搖的爆炸聲，以及各國海軍進行軍事操作時，軍用聲納所發出的尖聲——與海豚的叫聲非常相近，但卻帶有明顯的機械感。這對野生動物的影響是非常廣泛的。

座頭鯨尤其容易受到這種噪音污染的影響，因為噪音會遮蓋牠們的溝通，聲音溝通得聽見了才能生效。夏威夷群島的茂宜島（the island of Maui）背風岸，是座頭鯨的重要繁殖地。由於該地區船隻流量增加，導致母座頭鯨攜子遠離海岸，避開掩蓋牠們聲音交流的船隻噪音。在阿拉斯加東南部的冰川灣（Glacier Bay）所做的一項研究報告指出，這片座頭鯨捕食區的環境噪音為96分貝，噪音來源分為三類：遊覽船和遊輪；港海豹（harbour seal, *Phoca vitulina*）的吼叫聲，這是一種季節性現象；以及氣候狀況的自然聲音。從人類的角度看，96分貝相當於站在打開的摩托車引擎旁邊；根據美國疾病管制與預防中心（CDC）的說法，在其中曝露50分鐘或更長的時間，便可能損害人類的聽力。該研究發現，冰川灣的座頭鯨為了因應環境噪音的增加，會提高自己的聲音振幅，但牠們也只能做到一定程度而已，座頭鯨不僅得提高嗓門以防聲音被蓋過，在某些情況下，牠們乾脆閉口不叫了。座頭鯨在覓食場地中，往往利用聲音、牠們長長的胸鰭和氣泡網，來協調捕獵方式，將魚群趕在一起，然後大夥大口吞噬。牠們若無法聽見彼此的聲音，或覺得噪音大到無法進行交流，這些共用的捕獵技巧便會受到影響，使座頭鯨在繁殖季來臨前，缺乏食物來源。

改變呼聲的振幅，是避免聲音被蓋住的一種策略。其他的聲音適應方式，包括改變呼聲頻率，或提高或減低，以及從聲音溝通，切換成非聲音的溝通方式。在北大西洋的露脊鯨、白鯨（beluga）和座頭鯨身上，都觀察得到這些針對日益嘈雜的環境，所採取的適應措施。加大聲量會需要更多的能量，正如冰川灣研究證明的那樣，這種辦法只能做到一定程度而已，而視覺方式則只有在鯨魚可以相互看見的情況下才有可能，效果遠不如聲傳千里的鯨魚之歌。改變呼聲頻率會改變聲音穿水的能力，船隻發出的聲音主要為低頻，因此鯨魚必須把叫聲調成較高的頻率，結果反而減低了聲音傳播的距離。

問題還不僅止於世界的海洋變得更嘈雜而已，人類的活動，正在從根本上改變海水的結構。

21世紀的生活，仰賴化石燃料的燃燒。自工業革命以來，過量的二氧化碳已經釋放到大氣中了，而且隨著我們生活的腳步加快，這種情況日益嚴重。大氣中循環的有害二氧化碳濃度，實際上取決於海洋，因為海洋扮演了龐大的碳匯角色，海洋能溶解氣體，並將之保持在水表之下。當碳溶解到海水裡，就變成了酸。這種弱酸會跟海水裡的碳酸根陰離子（carbonate anion）反應，變成碳酸氫鹽（bicarbonate）。這個過程依賴陽離子的存在，陽離子藉由岩石風化這種緩慢的地質過程添加到海水中。就生物學而言，海洋表層的浮游植物透過光合作用來固定溶解的碳。一些浮游生物也利用碳來形成碳酸鈣殼，這些生物要麼死亡並沉到海底，把碳送往深海，要麼被吃掉，透過食物鏈來傳遞碳。這就是鬚鯨被視為碳儲存體的原因之一，因為牠們攝取大量的浮游生物。二氧化碳在較冷、鹽度較高的水中，溶解性比在溫暖的淡水裡高。由於海洋環流與溫躍層的影響，富含碳的冷水會往下沉，使得水表數百年內無法進行氣體交換。這個過程四億年來一直處於穩定狀態，促進了地球的生命發展。然而過去260年，大氣中過量的二氧化碳，已經開始破壞這種平衡了。海洋再也無法吸納或封存我們製造的二氧化碳量，不僅造成地球變暖，海平面升高，而且海洋的酸性也變高了。

幾千年來，我們的海洋酸鹼值（pH值）一直保持穩定的鹼性，全球平均約8.1，但這個數值開始下降了。各種氣候模型估計出來的酸化速度不盡相同，其中兩個估算出最壞狀況的模型，預測未來300年內pH值下降0.6，或在本世紀末下降0.7，最好的預測情況則是在下個世紀下降0.4。無論是最好或最壞的狀況，科學都異口同聲地指出：pH值在下降，海洋正在酸化。這會影響到無數生物的生命週期，並以我們尚無法完全理解的方式去改變生態系統。

海洋酸化也會影響聲音的傳播方式，隨著pH值降低，構成水的粒子，吸音能力也會減弱。pH值降低0.3，吸音能力便減少40%，因此低頻聲音能傳播得更遠。雖然這表示座頭鯨的叫聲能傳得更遠，但也表示人為聲音能蓋過它們。

人類的聲音在海洋中無處不在，諷刺的是，其中有些聲音來自研究鯨魚聲音的船隻。這就是為什麼像「鯨魚之歌」和露脊鯨號這種船，必須得是帆船了，因為得盡量利用風力。儘管帆船行駛過水面時，仍會產生聲音，但與轟隆隆的引擎聲相比，可要輕柔多了。每支帆船隊都期待著那些不必趕往任何地方的時刻，那種引擎關熄，乘風而行的時候，船身在船帆下變得生龍活虎。我站在「鯨魚之歌」的前甲板上，白色的熱那亞三角帆（genoa）和支索帆（staysail）隨風彎曲，襯著湛藍的天空，站在大太陽下的我，心中充盈無比。

搭乘「鯨魚之歌」徜徉於地中海的日子，既令人興奮，又充滿挑戰。雖然這次在利比亞海域做調查，並不特別常看到鯨豚類，但能搭著新船，跟新的船組人員一起來到新的海域，還是令我振奮不已。我的職務比以前更具挑戰，我雖然喜歡挑戰，但身體依然處於康復初期。我盡力扮演好自己的角色，但覺得體力大不如前，信心也受到了一點打擊。我們從水聽器聽到的動靜，多過於我們所看到的。風經常太大，以至於我們無法好好地觀測。

直到第二年，我在船上才真正有了一次獨特的聲音接觸。「鯨魚之歌」與劇組合作，為「國家地理」頻道製作關於鯨魚文化的紀錄片系列，《鯨魚的祕密》（Secrets of the Whales）。船上有提出該計畫的野生動物攝影師，布萊恩．史蓋瑞（Brian Skerry），還有科學顧問謝恩．葛洛博士（Dr Shane Gero）。他們在亞速群島拍攝，探討多明尼加、亞速群島和斯里蘭卡的抹香鯨之間的文化差異，我是船組人員。這邊的海域完全不同。在地中海調查時，我看到的是一片承受巨大壓力的海域，漁船、休閒船和貨船全擠在這個封閉的盆區裡。亞速群島則幾乎沒什麼船，而且幾乎每個地方都深到無法下錨；這些火山島嶼從2,000公尺深的地方崛起，深到你根本無須擔心會撞到障礙物。偶爾你會看到當地漁夫，開著他們的小船捕魷魚的燈火。這個地區抹香鯨的數量之多，真是令人驚嘆，尤其是母鯨和幼鯨。我們徹夜航行，目標是跟緊鯨群，好讓攝影組有機會在第一道晨光中拍攝牠們。我們從船上拖著水聽器，在甲板上設置耳機和一台電腦，這樣就能透過軟體聽取並看到鯨群的聲音了。

那一晚，夜色如墨，星子間的空隙被黑暗給填實了。四周沒有其他船隻，我又開始在黑暗中找到安適了，我戴著耳機，輕輕改變航向和速度，但主要還是讓船漂著，海洋變成了一個完全不同的空間。此時我不再依靠視覺、海圖、GPS和航線來進行導航，而是藉著鯨魚的聲音來導航；我唯一需要保持的航線，就是牠們的航線，遵循牠們高亢的點擊聲，保持接近，探索牠們在海底的動靜。感覺就像我跟著牠們，一起體驗鯨群的世界，一個以牠們的點擊聲節奏為基礎的聲音世界。

在我參與的大多數鯨豚類研究中，包括利比亞的那次，重點都在於確認研究區域中，有哪些種類的鯨魚、海豚和鼠海豚，以及牠們的數量。如果我們看到一隻鯨魚，我們很有可能不會再次看到同一隻個體。我們的目標是創建族群的概況報告，而不是去瞭解個體動物。謝恩・葛洛博士在職業生涯中，一直用一種完全不同的方式去研究抹香鯨。他是多明尼加抹香鯨研究專案的首席研究員，在主持該計畫的16年裡，博士在海上花費了數千個小時，與加勒比海的抹香鯨共處，現在他已經能輕鬆辨認出個別的鯨魚了。他們所強調的不是知識的廣度，而是深度，因為他們開始拼湊出對這些鯨群運作方式的理解了。他們發現抹香鯨會形成穩定的母系社會單位（亞速群島的抹香鯨也形成這些單位，但研究得較少）。在這些社會單位中，鯨魚會開始產生密碼曲（codas）——一組帶有各種節奏的聲音，跟鯨魚獵食時的點擊聲不同。覓食的點擊聲是規律而有節奏的，當抹香鯨鎖定獵物時，會加速到近乎成呼嚕聲；聲音聽起來像卡噠、卡噠、卡噠，而密碼曲聽起來則可能像是卡噠卡噠卡噠、卡噠。鯨魚發出的密碼曲，會決定牠將與誰共度時光，因為牠們會跟聲音與自己近似的鯨魚結黨，而形成聲音的族群。在亞速群島的海域下，我可以聽到這兩種聲音——抹香鯨覓食的點擊聲，和牠們發出的社交聲音。

當「鯨魚之歌」停靠突尼西亞（Tunisia），送走利比亞的船組，並接載三名參與研究的阿爾及利亞漁工時，我原本應該下船了。但我決定再多待一會兒，看調查完成。接下來的航行格外地狂風驟雨。離開比塞大（Bizerte）時，天氣相當惡劣，海浪衝過了港口入口的防波堤，但船隻本身堅固又安全。我們出港時，有一群海豚穿過湧起的綠浪，彷若吉兆。對於新來的船員，這是個艱鉅的開始，他們全都不熟悉帆船的作業，只有一人除外，這群人很快就把頭伸進桶子裡了。我在此之前或之後，從未見暈船暈得這麼嚴重的人，他們連暈了好幾天。當我們開始迎風前行時，我興奮地迎接這種激情四射的氣候。站在甲板上守望時，我會鑽進駕駛艙，躲避噴濺的浪花，然後等浪頭過去，再出去面對風。我們的進速很慢——船雖然隨著風力加速，卻受迎面而來的波浪所阻。我從收音機聽到岸上海岸防衛站的呼叫，防衛隊的人注意到我們進速緩慢，問我們是否有困難。我們周圍只有其他油輪，無論天象如何，油輪都能保持高速。防衛站的人誤以為我們也是油輪，沒看到我們的身分證明是帆船，所以對我們如此牛速感到不解。

我們接近馬約卡島的帕爾馬（Palma, Majorca）時，天氣變溫和了，這是我們的最終目的地。那是一個美麗的早晨，大海光如玻璃，從巴利亞利群島（Balearic Islands）升起的太陽，將空氣和水都染紅了。九月底的港口十分繁忙，滿是超級豪華遊艇和令人目不暇給的經典帆船。每個人和他的狗似乎都來到了港口入口附近，坐在小船上垂釣。我們把船開到加油碼頭，開始加油，服務員對我哈哈大笑。我們船上的製水機——一種以壓縮方式，將海水轉化為淡水的淡化器——出了問題，大夥為了節省淡水，只好一直用海水淋浴。我的頭髮被海水洗得亂七八糟，還被陽光曬成淡黃，更有甚者，我在鬆開油箱蓋子時，手被粗糙的甲板割傷了，我用T恤擦著流血的指關節。我不知道「鯨魚之歌」究竟是怎麼回事，但船上辛勤的船員，最後似乎都逃不過某種程度的骯髒邋遢。我的T恤上還有絞盤潤滑油的污漬，以及為了幫忙理查修復右舷輪轉向功能，在駕艙鎖櫃裡待了數個小時，而沾染的污垢。一開始我覺得有點被冒犯，但接著我垂眼看看自己，也跟著哈哈笑了。

我看起來根本不像準備回旱陸生活的樣子，更甭提要回大學讀最後一年課了，但我必須在這裡下船離開。

經過一番維修後，「鯨魚之歌」將橫渡大西洋，準備春季時開始在美國展開一項調查。我好想參加橫渡，這個想法在我的腦海中開始萌芽，想像穿越大西洋，一路殺到美國的樣子。我好想看看外灘群島的內陸航道（the Intracoastal Waterway of the Outer Banks），航行到南塔克特、新英格蘭（New England），最終到達紐約。我現在就可以留在船上，比預期的更早實現一部分的夢想。但我若要追隨那個夢，就表示得放棄另一個夢想，一個我最先承諾要完成的夢。

我雖然極想去航海、旅行、冒險，把過去一年的緊張憂慮，拋到數千英里之外，但我也想成為科學家。我想拿到學位，前一年我有太多機會放棄了，但我像用指尖抓住懸崖岩架般，牢牢地抓住自己的教育。我知道自己現在非畢業不可，我需要戴上學士帽與袍子，與大學要員握手，把那張意味著「你辦到了，你挺住了」的文憑握在手裡。何況我把英勇號留在彭布羅克郡，我以為我只會去德文郡一個星期考進階船長證。現在，已經近一個月後了，我還在地中海中央，新學期上課已經遲到了。

在馬約卡島機場等候時，我只得匆匆重拾自己在英格蘭的生活，努力重建自己在大學的位置。我把英勇號開到彭布羅克郡，是為了做計畫中的論文研究。然而當我同意到「鯨魚之歌」上工作時，他們表示願意提供我另一個替代專案的資料集，因為我沒有足夠的時間兼顧兩者。幾年前，他們在英國西岸和愛爾蘭做過調查，我打算利用這些調查結果，來構建自己的真海豚棲地分布模型。我在普利茅斯的家，英勇號，此刻遠在300英里之外，停泊在米爾福德港裡。我得將她移過來，但想來天氣一定不肯合作。現在是十月，秋季的風暴已經開始展現威力了，而白日越來越晚，夜晚日益濃黑。我會待在普利茅斯一位朋友那兒，直到天氣稍微好轉，再回家取船，把英勇號開過西南海岸帶回來。

離開彭布羅克郡總是令我心中酸楚，會扯動那根將我與此地緊繫在一起的隱形紐帶。可是一上了英勇號，我卻更能感知自己內心那股同樣強大的力量——海洋的吸引力、流浪天涯的衝動。一個風狂雨大的夜晚，我和朋友們在暮色降臨時一起離開，在漸暗的夜色中展開航行，這個時間點挺奇怪，但這表示我能在天光下順著潮流，繞過蘭茲角。過了蘭茲角後，太陽已開始在我身後沉落，標示著時間的流逝。當我們在利澤德角緩緩悠轉的潮汐間推進時，已經航行一天一夜了，燈塔的玻璃泛著光芒。幾個月前，我去彭布羅克郡前，曾沿著同一段海岸航行，測試英勇號和我自己的能耐，我在伸手不見五指的漆黑中緩緩摸索前行，抵達這裡。我數著自己的呼吸，吸、吐，看著燈塔的閃光，一明、一滅，一邊努力推進英勇號。潮汐，一如既往地教導我耐住性子，然後我慢慢按照它的節奏，到達自己想去的地方。

我的心情陰鬱孤單；獨自站在甲板上的我，覺得世間獨我一人，我是幽黑夜海裡的孤寂身影。但即使甲板上有人陪我，在那一刻也都不重要了。我與人的親近關係似乎已無足輕重，我在自己和他人之間築起的高牆，在背部受傷後變得越發堅固，我發現自己很難放下心防。來到海上對我很有幫助，我覺得大海看到了我所有的狀態，就像我看到海的各種風貌一樣——它的寧靜、熱情，它的光明和暗黑，視覺在黑暗中根本毫無作用。但透過聲音，你可以再次看到。隨著強風漸弱，這種感覺開始反映在水中。一小群真海豚將我從深思中拉回來，牠們飛奔而來，水花四濺地跟在船邊馳游。看到這幅景象，聽到牠們的聲音，我精神為之一振，想起自己要去往何處：我要回大學，完成我要研究這些生物的許諾。

儘管這段航行一開始風很大，但最後接近普利茅斯灣時，夜晚變得極端寂靜。海上沒有半艘其他的船隻，平時會出現的船，都從下錨的地點被拖到岸上過冬了。僅剩的是海水輕柔的拍岸聲，我們收帆時升降索的滑動及船帆落下的聲音，以及駛入港口時的引擎低鳴。進入港口航道的燈光在左舷側閃爍，遠處艾迪斯頓燈塔的燈光，令人安心地掃著右舷側。燈塔，那些黑暗中的信標，似乎總是在說：「我們看到你了。你現在到達這裡的時間和空間裡了。」

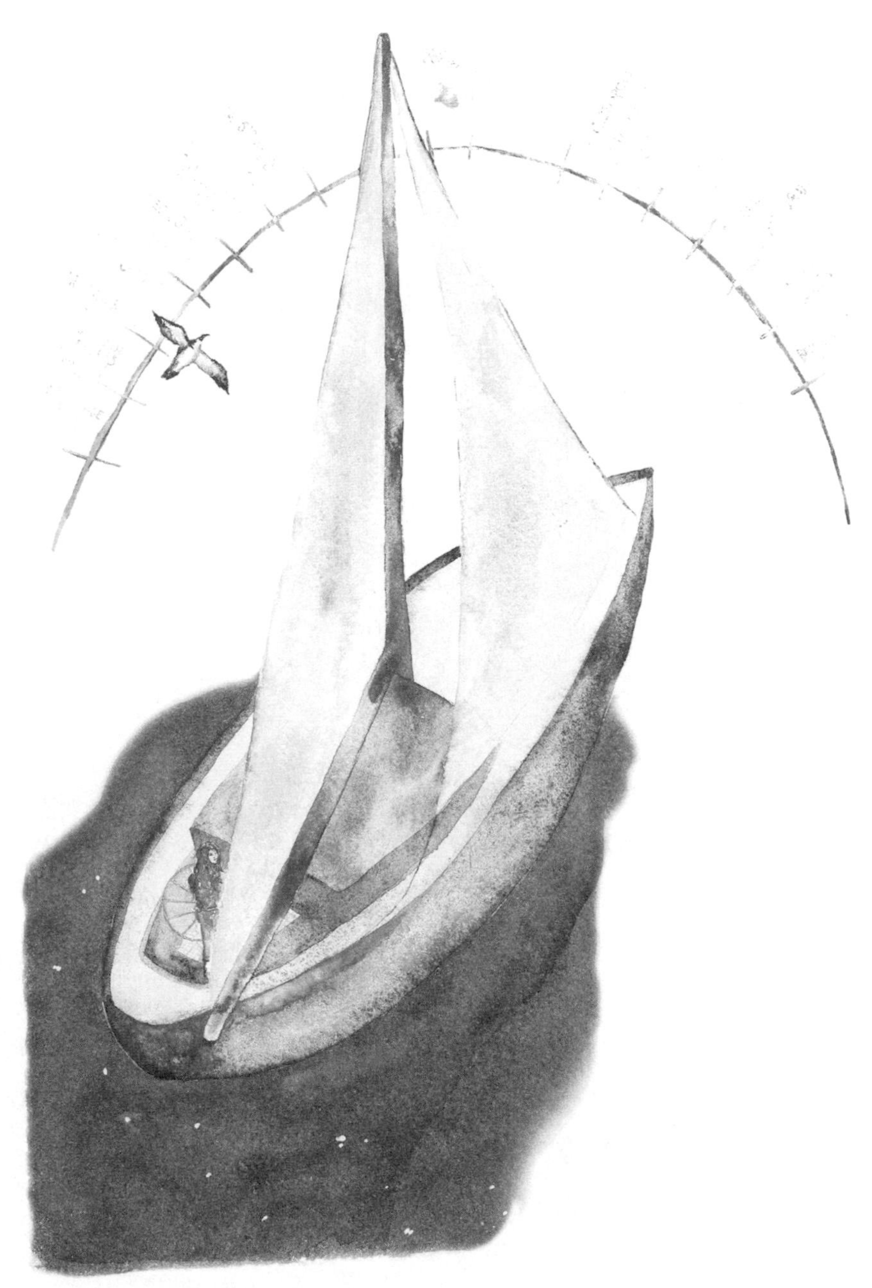

第六章　鸌鳥

嗶嗶，嗶嗶。鬧鐘聲將我從不知是睡是醒的狀態中拖了出來。嗶嗶，嗶嗶。我伸手關掉鬧鐘，空中持續傳來柔軟的呼嚕聲。這真是太舒服了，我的貓咪蜷縮著，用牠的肚皮貼在我的脖子上，超級禦寒。手機螢幕上閃著藍色的時間：凌晨四點。我窸窸窣窣地穿上衣服，睡眼惺忪地把腳伸進羊毛靴裡，頭上的舊玻璃纖維艙蓋咿咿呀呀地發著牢騷，我推開艙蓋，夜氣咻地一聲湧進小艙中。動作最好快一點，免得我又犯懶。我的靴子踩著木頭，爬上船梯。空氣靜謐，海水輕拂著英勇號的玻璃纖維船體。我跨過護欄爬上浮橋，腳下踩出一陣金屬聲。我的牧羊犬哼哼唧唧地跟著我，腳爪噠噠地跑出節奏。貓咪決定留在船上，這回牠是我們三個中較明智的那一個。

冰晶被嘎吱嘎吱地踩碎了，空氣似乎因另一種東西而振動，對那些醒著聆聽它呼聲的人，是一種誘惑，而對那些願意離開舒適的床去探險的人來說，則是一個即將揭曉的祕密。我的呼氣在前方凝成白霧，飄成小小的旋渦。我穿過船塢，因為過冬而被拖出來的船體，在夜裡投下詭異的影子；通常隱匿在水下的龍骨，此時高聳上方，卡在架子上。我將船塢拋在後方，穿越安靜的道路來到海灘。我以為靴子會陷入沙子裡，感覺沙粒帶來的熟悉阻力，但是最上邊的沙層凍住了，硬到無法踩透。我一件件地剝掉身上的衣物，走向海邊。我家牧羊犬警惕地站在水邊，除非牠太久沒看到我，否則不會跟著進到水裡。

海面十分平靜，幾乎沒有波瀾。我盡可能平順地滑入水中，努力避免絆到岩石，等水夠深了，我把自己的重量交給海水，開始游泳。海水似乎不比空氣冷，它像墨色天鵝絨似地裹住了我。接著我的身體感受到寒意了，呼吸變得更快更喘，心率也加快了。慢下來，我告訴自己，一邊數著鼻子的吸吐，一邊輕輕划水。慢一點，沒關係的。當我覺得呼吸再次平復，便停止游泳，開始踩水。等踩順了，我抬起腳仰躺著，讓海水托浮。狼月像等待採摘的熟果般懸掛在空中，月兒與我之間，除了夜空之外，什麼都沒有。所謂的狼月，指的是一月的、一年中的第一個滿月。不過今年的狼月剛好遇到月蝕，染紅的滿月將持續一個多小時。當我仰躺著觀看時，顏色又進一步加深，血色變得更濃了。再一個多小時，便不再是血月了。當天體呼喚四周的大海時，我讓自己來到了正確的時間點和準確的位置。

根據月亮的變化，來標記一個人在世間的位置，讓人有種非常謙卑、十足人性化的感覺。我覺得自己好像能夠外溢，整個人溶解從皮膚滲出，進入到海洋的靈魂裡。我的思緒沉得更深了，我懷著這份念想，把頭埋到水下，不再漂浮，而是往下潛游，直到海水再次將我推回，浮出水面，進入夜晚的最後一個小時。我家的牧羊犬看不到我，便拉長脖子，仰頭對著月亮發出長嚎。尖銳的嚎叫在岩石間迴蕩，越過水面打破寧靜，將我從執念中拉回岸上。我突然清楚地意識到一月份夜裡的水溫有多麼刺寒。我家狗兒衝上前歡迎我，圍在我腳邊開心地又叫又跳，試圖舔掉我腿上的鹽。我套上層層衣物，粗糙的纖維令我安心，雖然月亮壓在上空。

我聽到隆隆的引擎和煞車聲，然後看到車頭燈從月光下殺出來。二號公車從山坡上開下來，跑在與海灘平行的道路上。咒語被破解了，來自都市的訊息鑽入了我的腦海裡。雖然我不必趕公車，但我今早稍晚，確實有一場真槍實彈的考試要考，這是我大學最後一年，四個學科的第一場考試，今年一月有兩場，夏天也有兩場。我等公車開走後，才走回英勇號。我一上船，便燒了一瓶熱水和一壺咖啡。我把貓狗餵妥，蓋著毯子坐在交誼廳桌旁。接下來幾個小時，我不停地寫作，試圖拋開夜遊時，盤繞不去的月輝。

雖然我全心希望最後一年能學業順利，迄今為止卻一直磕磕絆絆。我駕著英勇號抵達普利茅斯不到一個月，便又到核磁共振機裡報到了，我極力保持冷靜，克服逼壓而來的幽閉恐懼，以及剛整頓好的生活可能會再次翻轉的恐懼感。幸好這次不必開刀，我需要做硬脊膜外類固醇注射，並用藥物緩解腰椎關節及腰部周圍的腫脹及發炎。診斷結果最糟的部分就是，我又得服用幾個月前，帶來嚴重戒斷症狀的那種止痛劑了。我不想重蹈這個過程，但不吃藥，我實在無法正常生活。令人安慰的一點是，這次只是暫時性的服藥，等注射生效後便會停用。

母親帶我去注射硬脊膜外類固醇。我躺在床上做電腦斷層掃描，以便將我背上的針，引導到最有效的注射點上，我感到嚇人的刺痛感，害我恐慌症都快犯了。我的脊椎上有種詭異的壓力，接著是蔓延開來的麻感，我左腿的骨骼肌肉彷彿癱成了粥糜。後來我才意識到，有位護士在手術室外與我母親談話，建議她讓我放棄航海，把生活調整成更靜態、更不辛苦的狀態，同時避免提舉比小袋子更大的重物。她的建議是出於好意，卻跟我的顧問說的相悖離。他一直很明確地表示，希望我盡可能恢復原本的生活，鼓勵我繼續航海衝浪。雖然我還沒辦法衝浪，但繼續航海對我來說非常重要，我很慶幸有他的鼓勵，去對抗護士的保守謹慎。後來我常思考這個問題，不知道現在的我，會給年輕時的自己什麼建議。我還是可以做自己熱愛的事，但也許不會那麼拚。我可以停下來欣賞小小的進展，而不用總是向前瞻望，「健康」與「幸福」，其實就是小小的日常，能累積成驚人的結果。我可以去尋求支援，這些是我跌跌撞撞學來的教訓，但我已經盡力做到最好了。

接下來的幾週充滿了掙扎。我盡快地回到英勇號，怕會錯過這學期的許多講座。坐姿很不舒服，走路也同樣困難，我的左腿感覺很虛弱。由於被迫保持靜止，焦慮再次壓倒性地襲來，黑暗的深淵又一次逐漸滲入。我發現越來越難與人相處了，我疏遠許多人，但被那些少數能為我的生活帶來光明的人所吸引。我跟往常一樣，在海裡找到慰藉。在圖書館和痛苦地坐著聽講的空檔裡，我會跑去海邊。僅是讓冰冷的海水環抱，便足以安撫我狂亂的情緒了。我惴惴不安地用顫抖的雙腿走向大海，回來時，則變得更加堅強，也多了份平靜。但過一陣子之後，我的身體又開始疼痛，思緒再次翻騰。

我開始思考畢業後的日子。我看到學校推出了海洋保育碩士的新學位，便立刻申請，結果竟意外地被無條件錄取了。這減輕了一些期末考的壓力，能夠繼續追尋自己熱愛的研究，令我興奮極了，而駕駛英勇號橫越大西洋的夢想，在我腦中也變得更加地清晰。我原本打算跟朋友一起完成第一階段的旅程，從普利茅斯穿越比斯開灣，沿加利西亞（Galicia）海岸到加納利群島（Canaries），但現在我想獨自航行到加勒比海了。帶著所有這些對未來的抱負，加上過去一年的痛苦混亂，以及滿懷的壯志，令我很難安定下來。我有很長一段時間，覺得狂亂無措而痛苦不堪，但現在我卻能從狂暴的混亂中汲取能量與動力，這種混亂一旦來臨，我便無法輕易放手。也許這就是為什麼我在寒冷的一月夜，要離開英勇號的艙房，在狼月下游泳了，明明第二天一早就要大考，我卻覺得那是唯一合理的生活方式。

幾個月後，我得到了再次展翅的機會。我收到「鯨魚之歌」的工作邀約，參與他們在美國的最新調查。我立即答應了，雖然這意味著我必須提前繳交論文和課程作業，但實際上我並不會少聽任何課，因為復活節前課就慢慢變少了，何況我是在真實的世界裡，從事我熱愛的科學工作，而且還能為英勇號的旅程攢錢。

我們在北卡羅來納州海岸做調查，在墨西哥灣流間進出，並進入哈特拉斯角（Cape Hatteras）附近的水域。我的日子圍繞著船員的值班表，第一個小時站到船尾架起的高台上觀察，掃視船左舷側水域，尋找鯨豚。接下來的一個小時操控船舵，保持航線，並撰寫航海日誌。之後的一小時則是記錄資料，用駕艙中的防水電腦，記錄其他船員觀察到的任何鯨豚。最後一小時再次回到觀察台上，這回是掃視右舷側。我最愛這些觀察時段，我站在那兒，四周是浩瀚的汪洋，我專心隨著船身和波浪擺動，不斷地調整，讓自己保持平穩。我的眼睛會有條不紊地搜索水域，等待一絲閃過的動靜——翻動的背部、尾鰭、一股噴氣。有時我會跟對面的觀察員交談，我們倆彼此背對，面朝大海，交換彼此的故事或笑話。有時我則沉默不語，利用這段時間整理思緒，細細品味這次的經歷。

等排班觀察結束後，我會去查看船上怎麼做都做不完的事項清單，忙著處理需要處理的事。在「鯨魚之歌」這種船上，任務清單非常繁雜，有時我得清理帆頂、船上的馬桶、檢查引擎，或維護發電機。我會打繩頭結或編繩眼、檢查索具、查看船上的安全設備，或在需要補強的地方塗刷油漆。完成這些任務後，我在下次輪班前，會有一些屬於自己的時間。雖然我常渴望回自己的臥鋪看書，但還是會去交誼廳做大學作業。

從甲板走下艙梯，就進入導航區了。從這裡轉向船尾，再走下第二道梯子，便深入船內了。廚房占據了左舷側——這裡有烹飪空間、冰箱、香料櫃和一個熱烤爐。右舷側有張大橡木桌，我常用亞麻籽油擦拭。桌邊圍著加了墊子的座位，拿開所有墊子後，便露出底下來自各國的瓶瓶罐罐和乾燥食品，都是「鯨魚之歌」從去過的國家弄來的紀念品。在烤爐和夏天暑氣的作用下，船艙裡悶到不行。在外面呼呼吹送的風，非但沒帶來涼意，反而攪起了水浪。我會坐在船裡不斷地灌義式咖啡保持專注，我用膠布把筆電固定在桌上，在「鯨魚之歌」穿越海洋時拚命工作。我額上沁著汗，極力保持專心。然而這種異常的工作環境、逐漸累積的疲倦感，還有缺乏網路，都因我能從那些進出廚房喝茶的專家身上，獲得豐富的專業知識，以及我們田野調查工作上的斬獲，而得到了抵消。如果我動作夠快，便能完成足夠的工作量，小睡一會兒，然後再展開整個例行工作。我會在我們靠港的日子，提交學校作業，等交完所有作業後，便專心複習期末考。

我必須離開「鯨魚之歌」，回普利茅斯參加考試了。英勇號依舊安然地停在我留下她的地方。我走上船，卻很快發現自己像罐頭裡的豌豆一樣晃來晃去，無法定下心，因為跟一群船員處久之後，我實在很不習慣獨處。上次調查近尾聲時，我超渴望有自己的空間，希望能在溫暖的夏夜跟朋友們喝一杯，並再次聞到陸地的氣息——草地、莿豆與泥土的氣味。現在我回來了，卻不知如何自處。咖啡一如既往地似乎是個合理的開始，因此在我第一次考試的那天早晨，我來到熟悉的咖啡館，試圖寫點東西整理思緒。我覺得自己好像過起了平行生活，其中一個正慢慢融入另一種生活裡，直到原先的變得不太合理、不太真實。幾天前，我還搭著「鯨魚之歌」在美國的乞沙比克灣（Chesapeake Bay）航行，看海裡的翻車魚朝著天空擺動牠們鬆垮的鰭翅。我曾在同一片水域觀察一隻座頭鯨，看牠長長的胸鰭優雅地在水中空中舞動。座頭鯨四周都是漁網的浮標，我好擔心牠會被漁網纏住，但牠似乎都巧妙地躲過了，最後在我們離開時，鯨魚也游離了這片區域。我們在一隻僅有半條尾巴的抹香鯨背上安裝標記後，追著牠跑了一天。不知牠的尾巴是天生畸形，還是被船撞到造成的；對這些鯨魚來說，後者這種不幸相當常見。我們叫牠半半，我在自己的田野日誌中畫下牠，以便留存這份記憶。觀看日落，站在燦爛的星子下，感受白天與夜晚的風，這些都像是理所當然的事。如今我在一個灰色的城市裡，喝著美味的卡布其諾，24歲的我，受邀參加慶祝大學畢業的各種派對，有朋友要見，有試要考，然而陸地上的生活卻如此地不真實。我寫作業、跑趴、與朋友慶祝、喝萊姆酒，但心中有個部分仍留在海上。

我回到岸上的時間太短，未能來得及適應。日子飛逝，不知不覺，我又走下計程車，來到亞速群島，法亞爾島（Faial）上的奧爾塔（Horta）碼頭了。空氣中飄著某種熟悉到不行的氛圍，就像老友在呼喚我的名字。碼頭和港口都擠滿了船隻，船舶並排停放，在下錨處搖曳晃動。那裡有你能想像得到的各種帆船，還有一些剛成功橫渡大西洋來到法亞爾島，眼睛累到昏花的船員。我立刻看到「鯨魚之歌」藍色的大船體、堅實的船身、船尾甲板上的觀察台、高長的桅杆。這次沒有科學性的工作要做；我們是來接待拍攝《鯨魚的祕密》的攝影組和葛洛博士的。我很期待看到部分的創造過程，看他們如何講述鯨魚的故事和我所熟悉的環境。我發了一條簡訊表示自己已經到了，然後坐在牆上等小艇來接。整個碼頭都畫上了精美的藝術和象徵性圖案，描述那些曾經經過的船隻和船員的故事，也算是海洋的故事。他們把剛洗過的衣物晾在船上護欄和帆上，衣服像旗幟般飄揚，風吹時，空中便充斥著索具的叮噹聲和船隻在錨上移動的聲響，還有繽紛的色彩，這一切都增添了此地歡慶的節日氛圍。我吹著風，知道這溫暖潮溼的西南風將吹向北方，一路到達彭布羅克郡海岸，將我與那個地方連接在一起。風從哪裡吹來，潮水就往反方向流去──古有明訓。

我很快又回到甲板上獨自值夜班了。船上只有我們三個人，我們開著船穿梭於各島之間，其他船員會在島上與我們會合。船行經火山形成的皮庫島（island of Pico）時，海床一直延伸入天際，我深深呼吸，花了一分鐘讓自己置身現實。我就在船上，在亞速群島，這裡有平靜的海面和柔和的夕陽。我辦到了：我剛完成學位。雖然我實際上還不算畢業，但我有把握自己已經通過了。我回想在露脊鯨號上做研究的最後幾日，我們在新斯科細亞省外的海溝研究北瓶鼻鯨，之後我還得去念大學。我一直擔心自己無法與人相處，無法融入，怕自己不夠聰明，光靠激情不足以成事，別人會看破我不是真正的科學家。我的恐懼與最終我所面對的真實挑戰，相去甚遠。現在一切都結束了，我正在航向另一端，眼前的世界無限遼闊。值班完後，我帶著這些思緒回到自己的鋪位，直到天色將亮。

等我醒時，我們像是漂在玻璃上，定靜不動。這是一種平靜輕鬆展開一日的節奏。我們往目的地聖米格爾（São Miguel）的航程，會經過冬喬安德卡斯楚海岸（Dom João de Castro Bank）的一座海底山，這是一座距離水面僅13.8公尺的陡峭岩峰，周圍水深達1,000公尺。海底山區通常對生態有益，其形成會導致周圍的上升流和營養物質的匯聚，獵物也隨之而來，說不定那裡會有鯨魚。我想去泡一杯早茶，卻因期待而留在甲板上。當我們接近海底山時，水勢開始顯露出地形的變化：從波紋看來，水深在迅速變淺。然而在海底山等待我們的不是鯨魚，而是其他東西，一整艦隊的「葡萄牙戰艦」（編按：即僧帽水母）。這支艦隊成員沒有數千，也有數百個，牠們的囊袋像縫合過似的，被伸拉並起著褶皺，裡頭充滿一氧化碳。牠們是自己的風帆，閃著粉紅色的警告，管水母式的藍色長鬚，張揚著隨時準備螫人。牠們看起來像水母，像單一的有機體，但事實上，葡萄牙戰艦是一個殖民地，由許多有機體協力合作而成的生物。這真是令人難安，我們好像正在駛入牠們為我們設好的戰場，由一隻戰艦帶頭進攻，像旗艦一樣。我獨自站在甲板上，牠們在水中，我們的船攻破了牠們的隊伍。

一直到當天稍晚，我們才看到鯨魚。我從小睡中剛醒，走到甲板上，及時瞥見抹香鯨下潛時揚起的尾鰭。還有另一頭浮在水面上，片刻後，牠的幼鯨衝到牠身邊吃奶。幼鯨在母親四周忽潛忽上地玩耍，可能正在進食。我站在陽光下，不可思議地看著野生海洋動物間的母子聯繫，強烈地感受到自己的腳踏在甲板上，太陽照在膚上。那一刻，我感受到除了彭布羅克郡海邊外，從未真正有過的，家的感覺。這不是荷馬史詩般的冒險後，回到伊薩卡島（island of Ithaca）的凱旋歸來，但我知道自己已找到歸家的路，找到返回自己的路了。接下來會發生什麼不重要，我所做的已經足夠了。

這次成功航行，深深觸動了我。在我所受的教育裡，疏理自己的情緒並不是重點，但過去一年，我對體內的負能量有了新的認識，也意識到保持穩健的需要。我的天性有一部分非常適合航行，我會跳脫當前、未雨綢繆，雖然這在準備遠程航行時是項利器，例如我為英勇號安排的航行，但若是一心鑽死在最後的成果上，而非過程，或只顧著往前衝，未能認清當下的狀況，就會造成問題。

在實際航行時，依賴導航系統是很正常的。GPS是一項讓工作變得比以前更安全輕鬆的發明，但我很享受考進階船長證時的體驗——利用等深線、定位點和周圍能看到的東西，如浮標和岸上的標記，在沿海水域航行。這激發了我的好奇心，想知道其他更直觀、具觀察性的，從A點到B點的方法。我開始學習天文導航：學習如何利用太陽和星星找到自己的方向。

歐洲的天文導航方法非常複雜，對我來說並不易學。它得用六分儀瞄準，需要精確的計時、數學、內心建構，和一系列高度修正、弧度與時間的轉換，以及赤緯（編按：標示天體位置的一種坐標，類似地球的緯度）的表格。你還得能看出並識別天體。太陽不用說了，大家都很熟悉。行星比星子亮，但你仍必須知道自己看到的是哪顆行星。熟悉世界各地每個季節的夜空需要時間——我試著慢慢享受並利用這段時間，而非總是覺得趕來趕去。支撐這種導航法的理念似乎頗為抽象，例如天頂（zenith）的概念。想找到你的天頂，就得想像有一條線，一條從地球中心伸出的線，穿過你的頭頂伸向上方的穹頂。這條線所連接的任何天體，都將位於你的天頂。

如果我們刻意忘掉某些已知的事實，為自己創造一個簡化的世界，會比較容易進入這類的導航法——拋開哥白尼、地球繞太陽運行的事實，改而想像以地球為中心，由太陽和星星圍繞靜止的地球運轉的模式。我覺得這很難辦到，我能凝望星子，我喜歡學習星星的名字，讓那些名字在我腦中迴響，我在夜裡輕聲背誦，試著用看不見的線條將星座連起來。但凝視星星和憑藉星座尋找方向，完全是兩碼事。行船生活、紊亂的睡眠週期、時間老抓不好，再加上天候狀況，這中間有太多出錯的可能了。雖然我在應用這種方法時困難重重，但又經常對自己正在學習使用的高度修正量表背後的數學運算，讚嘆不已。

高度修正量表是必要的，因為導航所用的數學，以六分儀在天體正中心所做的測量為基礎，觀察者就站在地球中心。當然了，這在實際上是不可能的，所以才要進行修正。我特別喜歡金星的高度修正量表，這主要是由瑪莉亞·米切爾（Maria Mitchell）計算出來的。瑪莉亞·米切爾是19世紀的天文學家、數學家及博物學家，曾在美國海道測量局（US Hydrographic Office）工作。她不是天體物理學、天文學或數學的博士，瓦薩學院（Vassar College）雖然授予她教授職位，但她本身並未上過大學。米切爾出生在南塔克特島，從小就對星星有濃厚的興趣。她跟我一樣從小充滿好奇，但人家的數學頭腦比我強太多了。當我在潮池裡翻翻找找，探索懸崖和洞穴，在大海裡游泳，凝視地平線時，年輕的瑪莉亞·米切爾一直在觀察天空。她才芳齡29，便發現了一顆彗星，後來被稱為「米切爾小姐的彗星」（現稱為C/1847 T1）；由於她的成就，丹麥國王頒發一枚金牌給她。使用這樣的女性做出來的量表，很令我歡喜，她是我生命中另一位女性的指路明燈。

被六分儀難住的我，只好去探討其他與導航相關的觀念。歐洲探險家在1595年「發現」玻里尼西亞的第一個島嶼，馬克薩斯群島（Marquesas）時，沒想到這些島上竟然已經有居民了。這在歐洲社會引發了一些重大疑問，這些問題經過後來數百年，多項研究領域的進展，才開始慢慢找到答案。玻里尼西亞人來自何處？怎麼會在太平洋的島嶼上定居，從夏威夷、紐西蘭到復活節島，住在這片廣達800,000平方英里，所謂的玻里尼西亞大三角區裡？有一種觀點認為，玻里尼西亞群島以前曾是被淹沒的大陸，只留下高峰區作為可居住的土地，因而使島上的人口孤立起來。後來確知島嶼之間的人口會互相流動時，便有些理論認為，玻里尼西亞人能夠在島嶼間進行短途、準確的航行，但任何遠距離的航行，則是漂流造成的結果，而非主動的航行。

有人認為玻里尼西亞人來自東方，從南美洲沿海來；有些人認為他們來自西方，來自亞洲和密克羅尼西亞（Micronesia）。幾百年來，關於這個問題有各種相互矛盾的假設、強烈的主張、考古學和人類學上的發現，以及碳定年法的發展與運用、地理模型的情境。探險家索爾·海爾達也參與了這場辯論，他認為玻里尼西亞人從南美抵達太平洋島嶼，他們在洋流中漂流，是偶然的航行者。為了證明這一論點，他以玻里尼西亞的傳統方式打造一艘木筏，康提基號，在1947年親自嘗試漂流航行。海爾達在寫給瑞秋·卡森的信中談到，他在夜裡看到奇怪的魷魚屍體，以及飛魚如何撲到他的木筏甲板上。海爾達雖成功抵達了一座玻里尼西亞島嶼，但有一件事實常被忽略，那就是康提基號必須用馬達拖到50英里外的海上，才能進入洪堡涼流（Humbolt current），漂往南赤道。假如沒有這個動作，木筏可能永遠無法漂離南美洲。

索爾．海爾達和其他相信漂流理論的人士，並未認真看待當地的導航傳統。然而30年後，早期玻里尼西亞航海者的技能已無須質疑了，1976年，密克羅尼西亞，加羅林群島（Caroline Islands），薩塔瓦爾島（Satawal）的導航大師毛．皮亞盧格（Mau Piailug）駕駛Hōkūle'a——玻里尼西亞航海協會仿造早期玻里尼西亞航海獨木舟的複製品——成功地從夏威夷抵達大溪地了。毛在這次航程中，穿越了他所陌生的2,600英里水域，而且由於夏威夷比他家鄉的島嶼更北，對他來說，星空也是陌生的。他以前從未與這支特殊的船組一同航行，他們是由夏威夷島民所組成，其航海傳統早已失傳。啟程前，毛向他們做提要簡介，要求大家在航行期間忘掉陸地上的生活，遺忘海岸，讓自己的世界裡只有木筏、天空、水和風。毛沒有傳統的指南針、六分儀，也沒有GPS，但他還是找到了航向。大海和天空對他說話，他閱讀星子，從他的角度看去，它們每晚從海中升起與墜落。他細讀水紋，在波濤中尋找熟悉感，觀察海水如何拍擊並移動船身。他利用雲的形態、鳥類和魚類來尋找他的方向。

這些是毛窮其一生練就的技能。他在孩提時期就被選為領航員，從小就被放到家鄉島嶼的潮池裡，學習感受水的流動，解讀只有懂得觀察的人才能看到的訊息。他還透過口授的傳統方式，學習那些未記載於文字中，前輩尋路員所知道的世系和技術心法。這種實踐是一種類似於宗教的崇敬，是傳統，也是責任。他的族人不是偶然漂流，而是靠技巧找到航道的。看過毛領航的人，形容他的領航本事簡直有如第六感。在Hōkūle'a的第一次航行後，毛收了一名徒弟，奈諾亞・湯普森（Nainoa Thompson），多年後湯普森自己也成功地完成同樣的航行。湯普森談到毛的技能，認為那是一種超越分析，深植於內心的感受、直覺、知識與精神性的東西。

湯普森在學習古法領航時，同時在天文館裡學習，利用星空投影機，徹底熟悉夜空及星群的移動。在毛的指導下，湯普森慢慢發展出一套星空羅盤。星空羅盤是一種心理建構，跟西方導航用的磁羅盤完全不同。對航海者來說，木筏其實是靜止的，移動的是周圍的海洋、星星、從深處喚起的島嶼。在星空羅盤中，地平線被劃分成不同的「宮」，每個宮都是一顆熟悉星子從海洋起落的地方。理論上聽起來很簡單，但實際上用起來卻極其複雜，得對星星有大量的，熟悉到近乎直覺的知識才行，連一丁點細節都不能放過。在北半球，北極星是小熊星座最高的恆星，可用來定位北方。湯普森能在夏威夷的緯度上，用南十字星來找到南方。湯普森學會了留意太陽起落的地點，太陽總是從東方升起，在西方落下。太陽的正午子午線路線，是西方天文導航在使用六分儀時的基準，但基本上毫無用處，因為這跟太陽的升降點無關。

毛教湯普森說，在伸手不見五指的黑夜，得利用波浪的感覺，利用水在船下的流動方式找尋方向，這也是星空羅盤裡的一部分。毛從小就學會了跟隨潮汐的流動，但湯普森不一樣，他很難領悟這種微妙的波動。鳥類是星空羅盤中的另一個元素。像鸌鳥、信天翁等這類大部分時間都在海上度過的遠洋鳥類，對尋找陸地一點幫助都沒有，因此領航員會瞄準那些傍晚覓食歸來，陸地上的鳥類，牠們會引領你航向一個很難察覺的環礁。特定海域中出現某些海洋哺乳動物，或其行為的改變，也能為謎一樣的大海提供線索。

我覺得我能理解最後那部分。抹香鯨是深海生物，潛入數千公尺深的水域，所以我知道不該期望在淺水中找到牠們。年輕時，我透過觀察港灣鼠海豚（Phocoena phocoena）在拉姆齊海峽兩端覓食的情況，來得知地貌。如果漲潮了，我會在聖大衛岬角找到牠們；退潮時，我會站到彭達阿德林（Pen-Dal-Aderyn）。鼠海豚很難被發現，牠們窄小深色的背部劃破湍流和水面旋渦，這些往往是潮水衝過海峽時的力道造成的。牠們更容易被聽見——鼠海豚浮出水面吸氣時，會發出呼聲——如果聲音沒被湍急的水聲蓋過的話。牠們的覓食模式能顯示水下的地形。海峽是位於拉姆齊島和大陸之間的一段水域，屬於深而陡峭的水下峽谷，馬岩（Horse Rock）的尖頂就在海峽中央水面下，而比齊斯礁（Bitches reef）如同一條鬼橋般地延伸出去，周圍盡是毀在它手裡的沉船幽靈。潮水在海峽中奔流，被島嶼和大陸夾擊。強大的水流前進時攪起了養分，海水撞擊海峽兩端的淺灘時，水便向上奔湧，為魚類提供豐富的覓食場所，進而為鼠海豚提供食物。我會觀察牠們數小時之久，黑色的背部穿破藍藍的水面，在頭頂盤旋的白鷗飛箭似地刺入水裡。潮水會開始減弱，鼠海豚便從海峽的一端游往另一端。牠們教我辨識退潮、漲潮，是接近春天的潮水，還是小潮，這取決於牠們覓食地點離大陸有多遠，因為春潮的強度，通常會把牠們推得離岸更遠。

鳥類、星星、水域、鯨豚，這一切都被玻里尼西亞的領航員看在眼裡，他們從中學習，並利用其中的模式和節奏來解讀海洋。航海是一項需要學習和傳承的傳統，但我們對於動物的領航能力較不瞭解。在亞速群島出生的雄性抹香鯨幼崽，會游到更冷、緯度更高的水域，例如我在露脊鯨號上行經的水域。座頭鯨從格陵蘭的覓食地，遷移到加勒比海繁殖。鳥類以令人嘆服的能力遨遊世界各地。我的家鄉，彭布羅克郡的島嶼，是世上半數以上的普通鸌（*Puffinus puffinus*）的繁殖地。牠們大多在斯科默和斯科克姆島的洞穴中繁殖，拉姆齊島的數量較少。在牠們的適宜環境裡觀賞這些鳥類最是過癮，牠們以驚人的速度掠過水面，優雅而脫俗。我曾在桅杆高處度過許多時光，欣賞牠們在空中飛舞，翱翔於波浪之上。在彭布羅克郡的某個夏夜，當暮色降臨時，你會看到成千上萬隻飛鳥在一天覓食後歸來，回到洞穴中的伴侶或雛鳥身邊，牠們遮滿天際，揚著深黑色的背部和翅尖，腹部則亮如白雪。牠們光影交錯地飛掠水面，在島嶼上的洞穴裡下蛋。普通鸌的孵化期比漂泊信天翁的78天還要短，平均為51天。但牠們跟信天翁一樣，由雌雄輪班，相互支持，一邊抱蛋一邊覓食維生。等雛鳥孵化且長得夠大後，成鳥將同時出海，雛鳥則安全地待在穴中等爸媽回來餵食這隻毛球，等牠長出翼羽。我的第一位老闆費昂素以拯救受傷的鳥類聞名，有一次我跟著她救下一隻差點被三隻黑背鷗淹死的普通鸌。當我從水裡撈起這隻普通鸌時，牠的狀態雖然很慘，但牠的輕盈仍令我震懾，牠那中空的纖細骨骼，表明牠是在海上飛翔的鳥兒。我掌中的這隻小鳥，是位偉大的航海者。我們把鳥兒帶到拉姆齊島，當天稍晚便放牠走了。

這些鳥每天輕鬆地飛行數百英里去覓食，然後回到自己的洞穴。牠們每年從彭布羅克郡，到巴西或阿根廷海岸過冬，夏季再回到彭布羅克郡，在同一個洞穴中繁殖。由於牠們的飛行如此引人入勝，人們幾十年來一直在對普通鸌進行實驗。1939年，一名叫戴維．賴克（David Lack）的男子，決定從斯科克姆島的洞穴中抓出三隻正在繁殖的普通鸌，然後搭火車將牠們送到德文郡。他想在那邊把這些鳥放了，看牠們需要多久時間，才能從這個不知所以的位置，找到方向，飛回自己的巢穴。讀者或許已經料到了，這些被人從洞穴帶走，離開伴侶和蛋，被放到陌生火車車廂中的鳥兒，承受了巨大的壓力，其中兩隻死於旅途中，永遠無法回到伴侶身邊，所以應該會導致有顆蛋遭到棄養，繁殖失敗。而那隻倖存的鳥在斯塔特角（Start Point）被放走了。斯塔特角是個造成急潮和湍流的岬角，我最近才千辛萬苦地駕船從那兒經過。放生當晚，就有人看到這隻鳥回到斯科克姆島的洞穴裡了。鳥兒很可能當天更早便已抵達，但等到天暗後才上岸。普通鸌在海上的飛姿雖美，在陸地上卻十分笨拙。牠們飛越水面時，會利用波浪上形成的上升氣流，由氣流推送牠們。當牠們在陸地上飛行時，這些上升氣流便消失了，因此無法以相同的速度優雅地飛翔，很容易受到捕獵。你若去斯科默島，會看到地面上不僅布滿普通鸌和海鸚鵡的洞穴、蛋，以及安全地藏在地洞裡的雛鳥，在一片海石竹、藍鈴花和鬆軟的草地裡，還夾雜了數百隻普通鸌的屍體。有些被太陽曬成淨白；有些羽毛仍隨風飄動。這些是未能安全返回牠們地下巢穴的鳥兒。

類似的實驗雖持續進行，但對於鳥兒的福祉，以及在繁殖季帶走牠們所造成的影響，變得更加留意了。也許最引人注目的，是一隻從斯科克姆島送到麻州波士頓的普通鸌。鳥兒在波士頓釋放後，僅12天就回到牠在彭布羅克郡的巢穴中了，牠在不到兩週的時間內，飛行了3,067公里。雖然普通鸌每年都要遷徒到南美洲，但在哺育雛鳥的期間，牠們有時間為旅程儲備補充能量。這隻不可思議的普通鸌被迫做了一次意外的旅行，且在毫無準備的情況下，飛經一段新的路線。

我們知道像普通鸌和漂泊信天翁這種鳥類，是卓越的航行家，但我們還不是很清楚牠們究竟是怎麼辦到的。就跟早期的歐洲殖民者，對玻里尼西亞領航員的航海能力感到不可思議一樣，我們也還在瞭解這些飛禽如何遨遊全球。目前的假設是，牠們的導航能力半由天生，半由後天學習而來，借助了太陽和星星的方向線索，以及對地球磁場的內在覺察力。也許普通鸌正在構建自己獨特的羅盤——飛行者的羅盤。

我在亞速群島的夜晚，靠著抹香鯨深潛覓食時，發出的聲音來導航。我們透過聲學追蹤牠們，整夜與牠們相伴，以便在太陽升起時拍攝牠們。如果點擊聲很響亮，你就會知道自己離抹香鯨很近。若聲音開始變弱，便知道牠們游開了。抹香鯨就是我們的目的地，而不是海圖上的任何固定點。如果鯨群開始安靜下來，你就得開始猜測，改變航向，往左舷或右舷偏去。你得等候一陣子，讓水聽器在新的航向後面拉開，等水聽器就位後，點擊聲若變大了，表示你猜對了；若聲音變得更弱，便說明你已偏離鯨群。但事情並沒有那麼簡單——當鯨魚在潛水後浮出水面呼吸，通常會暫停發聲。在漆黑的夜晚，這是一種極為獨特的體驗，可是如果在破曉時看到抹香鯨噴氣、露出尾鰭，或停在船邊，感覺就更痛快超值了。

拍攝過程雖然風高浪大，但依然完美收官。這一次，我可以自由地留在「鯨魚之歌」上，接續下一段的航程了。我不必再為生活拉鋸，也很高興自己沒別的地方要去。我們啟航回英國，船上有三個人，水面宛如液態的青金石，光紋在水面上舞動，然後沉落，沒入黑色的深海裡。這些光條使我想起豎琴上的琴弦，不知道若是能撥動它們，會發出什麼樣的聲音。我們在離開群島時，有一群斑海豚陪著同行，是亞速群島對我們的送別。

我們離開時還十分明亮的天空，很快被醞釀中的暴風雨取代了，當晚暴雨便炸開來了。我在鋪位上被彈來撞去，渾身緊繃地抵抗搖晃的船身，我聽到同伴喊我。通常她會把船舵設定成自動駕駛，然後進船艙叫我起床值班。聽到她叫我時，我立即醒來，因為我知道一定出事了。航行時你很難睡死，因為有一部分大腦會不斷評估船聲，隨時應急，這就是航海的一部分技能。我火速套上衣物，抵禦夜裡的寒氣，我踉蹌地走在晃動不已的船上，尋找帽子、靴子、防水衣、救生衣。我上次刷牙是啥時候？現在沒空想這個了。船內的燈光調成了柔和的紅光，以保護夜視，我從艙室走到導航區，然後來到甲板上，眼睛也逐漸適應了。

世界亂成一團，風在四周呼嘯。茱蒂絲（Judith）站在舵柄前，一頭紅髮在風中狂舞，被鹹水打溼的髮束狀如火焰。她解釋說自動駕駛出問題了，老是找不到航向。她獨自值班，已經用手動駕駛開了一個多小時了。我問她能不能再多待一分鐘，我先去做例行檢查，通常這樣就能解決問題了。我沒找到明顯的問題，所以便關閉自動駕駛，然後再次啟動。這招似乎奏效了，茱蒂絲去睡了，我們幾個船員輪流睡覺。船在飛馳，這艘裝滿人、水、食物和研究設備的50多噸重的金屬，僅靠一張帆布，以每小時八節的速度在水中行駛。我總覺得，我們竟能如此善用風速，在海上航行，實在是太不可思議了。幸好風在我們後方，隨之而來的巨浪也都在我們背後，我們無須正面迎擊。雖然自動駕駛一開始還好，但後來又出問題了。船偏離了航線，我擔心船尾會意外切入風中，而轉向翻船，或因偏離航向，而被浪捲到側面，所以我也開始手動駕駛。

看著羅盤掌舵是出了名的高難度動作，當你低頭看著在面前轉來轉去的儀器時，很容易轉帆停船，或開得歪歪扭扭。我老搞不清該轉往哪個方向，才能修正航向。與其盯著羅盤，最好還是留意周圍的環境，偶爾瞄一眼羅盤，確保自己還是朝著正確的方向前進，然後找個位於正確方向的物體，可以是一個地標或海岸的某個特徵。你可以利用穩定的雲團或星星，我喜歡用風來辨位，用一種我能感覺到的東西。夜色很黑，海水在四周翻騰，但我感受到風向就在我的右肩。我握著舵輪，腳踩甲板，感受周邊的世界。到處都是流竄的能量——帆上的風，濺在身上的海水，你很難不跟著活躍起來。我突然意識到，我那件借來的舊防水衣只是個名詞而已，紅色的夾克和工作褲已褪成了粉色，防水性幾乎消失殆盡。我發誓等一回到岸上，就給自己買套新的。我看看自己的處境，忍不住哈哈大笑，笑聲融入了狂風驟雨中。我們大概位於比斯開灣西南西，亞速群島的東北方。我獨自站在暴風夜的甲板上，用綁在救生衣上的救生索與船身相扣。以前雨水狂烈地敲著我家小屋的臥室屋頂時，我好渴望能跑出去待在雨裡，成為它的一部分。此刻我站在夜裡，擁有了這場暴雨。

一股巨浪在右舷四分之一處越漲越高，就在我以為這堵水牆不可能變得更高時，浪峰突然裂開，然後消失了。我很慶幸自己不會被海浪淋成落湯雞，但這種如釋重負，很快地變成了訝異。這晚的海燕跟風一樣多，牠們一直跟著船飛，像一首翱翔的交響曲。接著又來了一個驚喜。一隻鳥墜落在甲板上，那是一隻順著剛才的巨浪背後飛來的鸌鳥，鳥兒沒看到船，一頭摔在船上，我們震驚而困惑地彼此相覷。我正準備離開舵輪，撿起鳥兒讓牠再次騰空時，鳥兒卻甩了甩羽毛，蹣跚地晃到船尾，然後往後邊一躍，再次投入飛羽和海水的世界中，彷彿剛才只是一件我們最好都能忘記的糗事。我在想，不知這隻鳥是否跟我一樣，都要回英國去。

小鳥加入周邊的鳥群後，便無法單獨辨識出來了。我繼續駕船往暴風裡衝。現在我已經掌握海水的節奏了，我的思緒開始飄遊。毛曾要求他的航海員拋開船外的生活，忘記此時此地以外的世界，但我一直在思索自己的旅程。我的心理構建不是星星羅盤，而是一張帶有特定航點的海圖。那裡有斯特布爾的燈塔，燈塔的光束將我的思緒從岸邊引到了海上；有拉姆齊海峽裡的港灣鼠海豚，牠們教我認識了潮汐；有一頭死後被沖上海灘的領航鯨，讓我想瞭解牠曾經去過哪裡，又如何生活；有獵戶座，偉大獵人的星群，從我在小屋花園時的幼年期，便成了我的指引。我的星空由這個星座開始拓展，囊括了仙后座、天琴座、北冕座和北極星。火烏鴉這種存在於海陸之間的生物，使我相信自己也能在那裡找到位置。還有鯨魚。那頭在夜裡淋溼我的抹香鯨，短暫地闖入我的領域，讓我想起物種之間共享的事物，鯨群為我展示社群的重要性，也強化了我與出現在我生命中的女性的連結，使我心懷感恩。亞伯丁港外的座頭鯨是另一個兆頭，在我正要開始進修時，認可了當時的空間和時機。在那個美好的早晨，與我一起破浪而行的瓶鼻海豚，為我帶來無比的快樂，支撐著我度過未來的困境。那隻在我夢中出現，激勵我再次揚帆的信天翁。所有這些生物，所有我們生命交疊的瞬間，都是我旅程上的航點，也是我認識海洋的航點，牠們使我明白，關於海和海洋生物，我們還有許多事物有待發掘。我懂得如何傾聽海洋之聲，也明白海洋之音的重要性，我知道自己希望能以某種方式，為海洋發聲。

由於風力強勁又順行，剩下的旅程我們堪稱是用飛的。我們橫渡比斯開灣，然後在英格蘭南岸的利明頓停泊。有幾週的時間，我獨自留在「鯨魚之歌」上工作，然後理查和我把船開回伊普斯威治（Ipswich）的母港。我從未穿越多佛海峽（Dover Strait），這是世界上最繁忙的航道，有在全球各地運輸貨物的油輪，穿梭於英國和歐洲之間的渡輪，她們使整個航程看起來像某種詭異的電玩，可預測其動線的大型快速船隻，跟航線飄忽不定的漁船交織在一起，令人提心吊膽。我們開了一整晚，一整個白天，然後再開一個晚上，才在黎明時抵達奧威爾河（Orwell River）。最後的這段旅程十分壯麗，經過混亂的英吉利海峽後，終於迎來了寶貴的喘息。冉冉升起的紅光，樹木成蔭的河岸，空中彌漫著晚夏的田野氣息。那天早晨我離開了「鯨魚之歌」，直接回到普利茅斯參加我的畢業典禮，筋疲力竭到無以復加。

我戴上帽子，披上袍子，握著手，收下畢業證書。我和父母站在斯米頓燈塔前，把海上的艾迪斯頓燈塔當成背景，拍照留影。這一刻的意義更勝於學位——我生命中那個轉折性的章節終於結束了。我在星星、飛鳥、浪濤和鯨魚的引導下，找到了自己的道路。

第七章　藤壺

今天我開著老媽的車來到道路盡頭，我停好車，踏上那條熟悉的老路，途中有些地方變了，海岸侵蝕使得陸地變回了大海，但我的雙腳還是知道該往哪兒走。我的腿比小時更加強壯，卻也更疲憊了，我的步伐雖已無年少時的無限輕盈與活力，但現在每跨出一步，內心便覺得踏實無比。十二月的空氣清新爽脆，陽光和煦。光線映在銀色的蛛網上，襯出千絲萬縷的晶瑩絲線，像是被某種薊巫師紡出來的。有根蛛絲纏在我髮上，在我身後飄著，但我懶得摘它。潮水正在迅速退去，再兩天就是冬至了。也許有隻漂泊信天翁的雛鳥，在南喬治亞的某個地方，首次來到了鳥巢的世界裡。昨晚是本年度最後的一次滿月，清冷明亮的月兒高掛天空。

散完步後，我坐到一塊突出至海中的古老岩石上，石面上覆滿了厚厚的地衣，這是我在拉姆齊海峽南端，彭達阿德林的座位。多年來，這裡曾是我的世界邊緣，後來我才找到更遠的路。雖然今天我還在陸地上，但我已經感受到環伺的海水了，它吼聲不絕地伴著流向凱爾特深海（Celtic Deep）的江川。這道介於拉姆齊島和大陸之間的海峽水域，水紋是如此的獨特。它們就像我飽經風霜的雙手紋路一樣，如此地熟悉，我能像閱讀紙頁文字般地讀懂它們，這裡有股上升流，那邊有個逆渦流——這是水的語言。我把頭轉向左邊，將視線從拉姆齊海峽對面，掉到聖布里德灣、斯科默和斯科克姆島的海域。與此同時，我發現有隻灰海豹正在觀察我，那是一隻淡銀色的母海豹，陽光照在牠絲滑的頭上。牠在逆渦流中捕魚，就在我所坐的地點和鞋岩（Shoe Rock）之間，隨著潮水退去，鞋岩開始露了出來，緊附在岩石上的金黃色海帶迎向陽光。海水在比齊斯礁的北側慢慢積聚，然後從橋梁上傾瀉而下。有人走在我後邊的海岸小路上，他們穿著明豔的外套，手拿地圖袋和登山杖。不知他們是否跟我一樣深愛這裡，他們看到奔流的潮水，又有什麼感覺。

這裡是我開始領悟海水移動方式的地方——潮水如何在退去時，譜出旋轉、飄落的華爾滋。這裡是我感受平靜、覺得被完全理解、在鏡面般的水域中映照自己靈魂的地方。即使是平靜無波的水，底下也藏有波瀾起伏的潮汐。我家牧羊犬如今已老邁無力，不再陪我到這兒了。牠不再如影隨行地跟我走著小路，而是蜷在小屋的火爐前。我的老橘貓在我趕回家的前一天死了，花園裡的大梣樹也因染病而變得脆弱，枝條再也承受不住我的重量了。時間逝如潮河，而我就在其間。修完課程到實際畢業間的那個夏天，我決定不再去攻讀海洋保育碩士了。我雖然很感激能受教育，也永遠不會忘記老水手的話，但我覺得在工作和修課之間拉鋸很不健康。我還是滿懷熱情，心中醞釀著許多想法，但我開始覺得自己必須在學術圈外找到自己的道路。與此同時，我可以在「鯨魚之歌」上工作，為英勇號的航行存錢。

在陸地上的我，無時無刻不心向大海，想著駕駛英勇號越過普利茅斯防波堤，離開這個城市，把一切的美好悲傷都拋在身後，到底會是什麼感覺。我想知道在比斯開灣會遇到什麼狀況，會有讓我聯想到海灣的鬚鯨嗎？會看到牠們浮到水面吸氣時，噴向天際的長長水柱嗎？不知從加納利群島出發，沒有同伴，只有我的船、星子、太陽和大海相陪，是何種感覺。我覺得這是我需要去做的事，一次療癒之旅，一個能為我那段故事做個了結的標誌。我經常在eBay和船舶論壇上搜尋英勇號的零件。我已經訂購此行的海圖，並擬定自己的航線了。

畢業後的那幾年，世界發生了無可想像的變化。我2020年的計畫，跟所有其他人的計畫一樣被打亂了。我渴望已久，獨駕英勇號橫越大西洋的行程遭到延遲，而且開始變得越來越不可能實現了；我開始考慮賣掉英勇號。我最初的打算就是在跨洋抵達美國後把船賣掉。英勇號雖美，且象徵掙扎奮鬥後的自由，但她也使我想起生命中那段痛苦不堪的時期。英勇號向來是我的空間，一個很難讓別人真正參與的空間。對我來說，英勇號就是獨立更生，我還設計出一套操作系統，能獨自將重型救生艇從甲板上移開，而不必求助他人。現在，我想要，也覺得我有能力，跟我的家人及更多朋友，分享我在海上的經歷了。

我在幾年前見過拉蕊號（Larry），當時康瓦爾的朋友介紹我認識這艘船的船主。拉蕊號是一艘1907年，建於多塞特（Dorset）的單桅斜桁船（gaff cutter），由蘇・辛格（Sue Singer）和其已故的丈夫擁有30年，他們駕著拉蕊號橫渡大西洋，我在露脊鯨號上航行的同時，他們把船開往北方，進入同一片寒霧之中。他們跑到更遠的格陵蘭冒險，開著拉蕊號探訪昔得蘭群島和挪威的羅弗敦群島（Lofoten Archipelago）。我的搭檔亨利（Henry）幾年前曾駕著一艘年代相彷的98英尺雙桅縱帆船橫渡大西洋，他的一位船員曾經二度擁有拉蕊號，因為他把船賣掉後念念不忘，後來又把船買去了。我們兩人都瞭解拉蕊號60年的所有權史，拉蕊號去哪兒都沒問題，也曾一次又一次地經受過考驗。我們有可能成為她的下一段故事，反之亦然。那種感覺就像世界把我推向了她，而不是我自以為是的需要她。我們買下拉蕊號，把船變成自己的，我們用愛、希望、美食、一幫好友和冒險精神去填滿她。我們第一次長途旅行從康瓦爾沿英格蘭南岸橫渡北海，算是向我遇到的老水手致敬，然後穿過基爾運河（Kiel Canal）到波羅的海。對我來說，這些都是新的水域，是一種需要學習的新感覺，與狂野的彭布羅克郡海岸截然不同，嶄新、煥然——感覺很棒。

當我看到第一片鼠海豚的鰭冒出水面時，心頭一喜。約莫一英里外，有一小群海豚，要不是我知道牠們會在那裡，我可能不會注意到牠們，但我這輩子一直在練眼力。淚水突然奪眶而出，模糊了我的視線。這是歡喜的眼淚，世界起了滔天的變化，我改變了那麼多，然而我還是能回到彭布羅克郡，看見我的老友。當然了，牠們不是來看我的，牠們是到這兒覓食，在潮流中捕魚的，但牠們在這個瞬息萬變的世界裡，保持了如此熟悉的模式，激起我內心最深的感謝。

我們在春天駕著拉蕊號啟航，往東沿英吉利海峽而行，然後朝東北穿越北海。船上只有亨利和我，很小的船組，但我們的經驗加起來足以確保旅行的安全。駕船的基本原則雖然相同，但拉蕊號跟英勇號、露脊鯨號或「鯨魚之歌」開起來完全不同。那些船都是現代船隻，英勇號是三艘船中最古的一艘，她們都是百慕達單桅帆型（Bermudan rigged），三角形的主帆從前角（tack）直達頂角（head），後角（clew）則掛在帆杆尾部。「鯨魚之歌」和露脊鯨號的前面都有一片支索帆，而三者皆有一片熱那亞帆，不用時便用收帆機捲起來，風來了便展開來御風而行。在這些船上，你會用絞盤去升降和調整帆布，但拉蕊號的主帆上有斜桁（gaff-rigged）。她的主帆有四個角，多了一根貫穿船帆頂部的木桅杆，也就是斜桁（gaff）。要升起這個沉重的斜桁，必須把頂桁吊索和帆前上角帆索（peak and throat halyards）組合起來操作，而不是將單獨的升降索繞到絞盤上。你得把帆前上角帆索連接到最靠近桅杆的斜桁末端，將頂桁吊索，連接到船尾後。拉索（sweat）時，以雙手握住吊索，身體保持靈活，用熟極而流的動作，將吊索往外拉，然後鬆回去。收尾時，把剛才弄鬆的吊索拉緊，用盡全力拉緊這根吊索，然後用插銷固定住。拉蕊號上所有的帆布都很重，採用傳統風格裁剪和製作而成，在陽光下十分白亮，除了中桅帆（topsail）外。這片帆布染成紅色，需要自己的桅杆——中桅（topmast），它從主桅杆最末幾呎，延伸到空中。

我們第一次升起拉蕊號的帆，感受她乘著風，穿過卡里克水道時，陽光正豔，海風和煦。我雖然曾經駕著英勇號航離普利茅斯，但此時此景卻更令人悸動。此刻我站在一艘歷史悠久的帆船舵輪前，把自己名字添入她的歷史之中，而且我正要離開我首次意識到自己背部重傷的那片水域。

亨利和我輪流駕駛，每兩小時輪班補眠，白天與黑夜的尋常時序，被這個節奏給取代了，我們彼此扶持，行過太陽，航過星子。即使蜷在鋪位上，你還是能從扶梯看到駕艙，萬一出問題，我們便能輕鬆地互相幫忙。左手邊有個黃銅製的舷窗，透過窗口能瞥見一圈天空和海。風靜浪平時，我會站在駕艙後，一邊掌舵，一邊聽木板頭和索具隨船行發出的咿呀聲。拉蕊號是由樹木製成的，這些樹在一百多年前被砍伐下來，鋸成框架，曲成木板。雖然許多木板慢慢被汰換或做過修補，但有些仍是最初的。船身每一部分都做成稍具彈性，以因應海水。她需要大海的鹽水，使船體、甲板的木板膨脹，才能密不滲水。我坐著曬太陽，讓自己的耳朵適應船聲，熟悉這艘船特有的聲音，這樣就能覺察是否出問題了。眼下拉蕊號正安然地載著我們渡海。

我們順利地穿越北海，海波相當穩定。雖然春夜凜冽，裹著層層羊毛和短絨的我們仍瑟瑟發抖，但幸好夜晚並不長，而且每天白晝都在逐漸拉長。我們航行一週後的第一個停靠港，是德國威悉河（River Weser）上的布萊梅港（Bremerhaven）。

我們在那裡待了一個多月，修理船上的東西，補上幾層清漆，直到船身油亮。隨著春天漸次入夏，天氣變得炎熱而潮溼。白日裡，空氣和我腦裡的壓力都在逐漸累積，我的前額咚咚敲響，就在我以為情況不可能變得更糟時，上空卻響起霹雷，然後空中倒下洪水。這種模式似乎一再反覆，一天都不曾消停，直到我們準備前往下一個港口。我們解開纜繩，駛出閘門的那個早晨，海況十分平靜，然而等我們一接近注入北海的河口時，便開始刮起強風了。強風和來自威悉河及易北河（River Elbe）的水流，帶來一陣亂流。我們底下有淺淺的移動沙洲，在布萊梅港和庫克斯港（Cuxhaven）之間的水道十分顛簸，庫克斯港是易北河口的小港。天氣預測沒說到會有強風，否則我們也不會在當天出航了，但拉蕊號就是為這種天氣而造的，深長沉重的龍骨，使船在水中保持穩定。

幾個月前，我在康瓦爾對拉蕊號的船體做了防污處理，避免藤壺和雜草附著在木板上，減緩我們的航速。然而我雖然已經盡最大努力了，在布萊梅港時，還是發現海洋生物仍找到辦法，在拉蕊號的船體上定居了。船身覆著一層 *Elminius modestus*，這是源自澳大利亞的藤壺。這些藤壺是入侵物種，1946 年乘船穿越太平洋和大西洋，首次在歐洲被記錄到。這些藤壺雖有一段在水柱中漂浮的幼蟲期，但一旦定居了，就會固著下來。牠們透過頭部殼底下的黏液腺，把自己固定在另一個物體上——漂流木、船隻，有時是海洋生物——並藉此移動。我曾看過北大西洋的座頭鯨尾巴上長滿藤壺。我們現在就在運送一小批附著在拉蕊號船體的藤壺。牠們看起來像小小的花朵，堅固而有稜有角的殼片顏色淺淡，中央的鰓蓋有灰色條紋。為了進食，牠們會打開鰓蓋，把覆著纖毛的腿伸入水中，捕捉浮游生物。

藤壺會明顯地拖緩船速，令人氣急。當我們一次次地衝入浪裡，我都覺得我們好像正在倒退。我急著想在天黑前抵達庫克斯港，以便好好休息，睡上一整夜。夜裡在暴風雨中航行，會放大所有的困難，因為視野變得有限，容易胡思亂想，加上船上只有我們兩個人，只能拚老命地跟惡劣的天氣奮戰。我掌著舵，左手緊握住木製的舵柄，我在上面刻了「借風使力，放鬆手勁」的字樣。現在我卻指關節發白地死握著舵柄，努力對抗惡劣的天氣。我的右手緊揪住護欄上的鐵線，雙腿牢牢撐著。波浪滔天，威脅著要將我沖走。浪花飛濺，拍打在我身上。夏天白日溫暖，但幸好我乖乖去買了新的防水衣，我的頭髮、臉和手全都溼透了。

我咒罵那些害這段旅程變得難上加難的藤壺，但心中又忍不住讚嘆，航經這樣強勁的海水，牠們竟還能堅定不移地附著在拉蕊號上。年少時在彭布羅克郡海灘，看到牠們在退潮時將小小的海洋封閉在自己體內時，我覺得有趣極了。藤壺把海水鎖在殼內，便能熬過無水的乾燥期，等待海水再次將牠們淹沒。後來上了大學，我研究岩岸帶狀分佈，觀察在離海不同距離處，繁衍生息的不同生物。藤壺、貽貝和帽貝，都能在水下和乾燥的陸地上度過長時間，牠們已經適應流水的拍打，能在鹹水中茁壯成長了。天候惡劣時，即使海浪不斷衝擊，牠們始終能堅守牠們的岩石。潮退時，牠們會經受烈日與風。牠們得造出厚殼，來抵擋蠣鷸（oystercatcher），蠣鷸會試著用紅色的長喙，侵入牠們安全的避風港。這些生物能在極大的壓力下茁壯，牠們的環境不斷地變化。牠們韌性十足，能承受海洋拋給牠們的一切，牠們是為這個環境而生的。

或許我也是。我緊揪著護欄鐵線的手在發疼，抵在駕艙欄板上的膝蓋酸痛不已。我又累又餓又渴，因為我們兩個已經好幾個小時沒休息了。有時我們會被側邊突如其來的巨浪擊中，船身傾斜，船舷沉在水中，我費盡力氣守住掌舵的位置，卻覺得安全而胸有成竹。我放棄按照羅盤的方向行船了，當亨利密切關注導航，確認我們保持在安全的水域裡，並朝著目的地前行時，我開始在浪濤間挑路，閱讀水流，讓我們和拉蕊號能找到最平順的水道。我動也不動，完全沉浸在波峰與波谷之間，預測水流的移動方式，一邊穿行而過。世界消失了，只剩下我、船和大海。就像海鳥的導航一樣，這次經歷似乎把我的內裡和外在的學習串接起來，將我對水的喜愛和畢生所學，發揮到淋漓盡致。

我們安然地駛入易北河，在庫克斯港停泊，黃昏降臨，我們等風吹過。待天氣一穩定下來，我們就鬆開纜繩，沿易北河往上，前往布倫斯比特爾（Brunsbüttel）。雖然易北河從捷克共和國延伸到德國，連接漢堡（Hamburg）與我們航行的北海，但布倫斯比特爾是進入基爾運河的西側入口。基爾運河是條人工水道，1895年完竣，旨在使船隻能沿著一條長98公里的航道，往返於北海與波羅的海之間，而不必大老遠跑460公里繞過丹麥北端。駕著拉蕊號這艘遠洋船隻，穿越平靜、兩岸綠樹成蔭的水道時，感覺有點不太真實。我們必須偏向河岸，讓巨大的油輪在我們旁邊來回穿梭，河道邊的路徑上有健行者拄著杖子步行。私人船隻只許在白天開上運河，所以我們及時在傍晚前抵達運河的東端。我們繞行著，等待往前通過船閘的通知，我滿懷著期待。前方是通往船閘入口的巨大金屬門，閘門打開時，我們開過去，把船繫到一座低矮的木浮橋邊。然後閘門在我們身後關閉，將我們封在裡頭，前方的下一扇閘門開始打開。然後就是波羅的海了。對我來說是全新的海域，對行駛多年的拉蕊號和那些藤壺也是。我們在鹹水中碰見這些生物，並將牠們一起帶來。波羅的海是淡了很多的半鹹水。*E. modestus*藤壺遠拓四方——從澳洲到英國、荷蘭、德國，如今牠們是庫克斯港的主要藤壺種類。但牠們在布倫斯比特爾卻無法立足，也還沒入侵到基爾灣。牠們無法在這種低鹽度的水域中生存，牠們離家太遠，來到一個無法適應的環境中。我們在這裡應該能把船體刮乾淨了。

我們駛入基爾灣，混在一大票往不同方向行駛的帆船中。有像拉蕊號這樣的傳統帆船，有像英勇號和露脊鯨號那樣的纖維玻璃船，還有像「鯨魚之歌」的鋼鐵船。太陽開始西垂，水色一片金黃。當我們準備下錨時，我高舉雙手慶祝勝利。一艘舊船，在一個新的海域。

數週以來，我們乘著風，想去哪兒就去哪兒，想待在哪兒就在哪兒下錨，探索這片陌生的水域。我在波羅的海游泳時，怕水太冷，便掛在船首斜桅上，用腳指頭探著水，但波羅的海並不會比夏天的彭布羅克郡水域更冷。我鬆開木頭斜桅，讓身體墜入清涼的水裡。我把頭埋進水中，往下潛游。我睜開眼睛，淡鹹水並未刺痛我的雙眼，那種感覺十分奇特。我沿著船身游泳，用手撫摸粗糙的藤壺，小心翼翼地防止牠們刮傷我的皮膚。牠們仍緊貼在船板上，但只要刷一下就會脫落。我浮出水面，心情大好。

每天早晨，我都在白天開始變熱前先游泳。我盡量走到船首桅杆遠端，放心大膽地，不再顧慮自己的平衡，直接撲通躍入水中，洗去睡意。然後我爬到甲板上，用吊索把自己拉到船上，躺在用填縫劑嵌合的松木板上，享受背部底下的木地板。等身體晾乾後，再穿好衣服坐到座艙裡喝早晨的咖啡，吃些早餐。有時我們會揚起帆，把拉蕊號開到新的地點，有時則待在原處。她在輕風中如此迅捷，有時我們會與其他船友在水上做友誼賽，測試船的能耐。下錨的日子裡，我會拿起筆記、顏料，坐著寫作和畫圖。到了下午，我會拿出我們的小帆船，那是拉蕊號的補給船，在水上快速穿行，拉起使船能穩定登陸沙灘的中心板。

這個新環境令我精神大振。彭布羅克郡海岸物種十分豐富，這點顯而易見，即使是新來的人，也很容易看得到海豹、大批鸌鳥、懸崖頂端的火烏鴉。這邊雖然也生氣盎然，卻得仔細尋找。我會在海草床上游泳，看草葉在水中輕輕搖曳。趨近細看後，那似乎是成百上千隻小海星的棲地。淡水海綿附著在突出的岩石上，我們航行時經常看到港灣鼠海豚翻滾的背鰭。這裡也有海豹，雖然我還沒能看到牠們：灰海豹、港海豹，和環斑海豹（ringed seal），牠們的小身軀上生著斑塊和環紋，因而得名。波羅的海既有淡水魚，也有鹹水魚：鱈魚和鯡魚，狗魚（pike）和鱸魚（perch）。這裡沒有鯨魚的棲地，但過去十年裡，看見座頭鯨和鬚鯨的次數一直在增加。我聽說過波羅的海的琥珀，這是波羅的海底下的樹脂層。由於海水侵蝕了覆蓋它的沉積物，波浪便將樹脂層的碎片沖上岸，就像浪濤裡的大地色寶石。我好想親眼瞧瞧。

我們的世界就是船和四周的海洋。最終隨著夏日的結束，我們不得不駛向港口，這段漫長的水上生活即將要結束了。我們向東挺進，駛向羅斯托克（Rostock），在八月一個陽光明媚的下午，停靠於此，整個海濱的樣貌，因為漢薩帆船節（Hanse Sail）的緣故，全都變樣了，到處是飄揚的旗幟，這是歐洲最大的帆船節之一。我們很幸運地找到停靠處，不過等船一繫妥，兩人便忙著清洗甲板，擦拭清漆上的鹽巴。我們把拉蕊號整理到煥然一新後，才回家工作，籌算著在剩餘的夏秋週末，要開拉蕊號去探索這片新海岸，直到被寒氣逼離海域。

我雖然整個夏天都覺得健康狀況不錯，但下船一個星期後，夜裡我在床上一個簡單的翻身，便把背部受損的椎間盤給撕裂了。劇痛竄下我腿部，我的心跟著一沉，接著下背立即腫了起來。一開始我告訴自己，我的身體在騙我，但心裡卻很清楚；在做完核磁共振後，便確認了病況。最初我還能拐著腳走路，可是秋葉飄落時，我幾乎已經無法行走了。週末回拉蕊號的希望化作了飛灰，我再次無法入眠，無法端坐，除了吃飯時間外，我都得躺著。雖然我知道自己得一直維護背部健康，卻沒料到會這麼快就復發。這回我沒有學位要攻讀，也無須證實自己的航海實力。我哭了，我好怕沒有這些目標後，自己就失去再次熬過難關的韌性了。

亨利自己一人去給拉蕊號包上冬天的覆蓋物。她的引擎套上了禦寒設備，抵禦波羅的海的寒氣，船帆卸下來存放妥當。我留在家裡，接受物理治療和硬膜外注射。我之前真是白擔心了，雖然我不再有激勵我的宏大目標，但我仍保有多年來練就的堅韌。這是一次挫折，但我有堅持下去的力量，艱苦已將我鍛鍊成一個更有韌性、更自信、更尊重自己身體的人了。透過我的航行經驗、學習、與鯨共處、在水中的經驗，我在自身周圍打造了一層殼，且有著令我心安的黏著力。現在我能擁有自己的海洋和水域來支撐自己，直到海濤再次將我帶往前行之路。我把背部的病痛視做一道障礙，它只不過是溪流中的一塊石頭罷了。我努力了好幾個月，身體才開始康復，但畢竟是復原了。隨著初雪降臨，我知道自己遲早能重新站起來。

我不戴錶，但很容易察覺時間的流逝。拉姆齊海峽南端的潮水變緩了，對面水岸邊最低的礁石，又被水淹沒了。我最喜歡這種緩潮，在短短的瞬間中，每一部分的水域似乎都在以不同的方式流動，似乎有無限種可能性。接著水面全然平靜下來，等待潮水再次漲起、淹沒，並隨著退潮，每天重新書寫。太陽已經下山了，影子開始拖得越來越長，拉姆齊島很快變成了黑色的剪影。此時鼠海豚游近，在潮水裡覓食，牠們深色的背部離我不到50公尺。牠們開始朝中央移動，我沒料到會這樣，但魚群八成就在那裡。

這個地方就像一條貫穿我中心的斷層線。

坐在這裡，很容易會以為世界處於完美的平衡，人類的生活和海洋世界和睦共融。但完美的瞬間並非全貌，我們都知道人類的生活對海洋造成了傷害，改變這種關係的時間已經不多了，沙漏裡的沙子流得比以往更快，沙漏幾乎要流空了，但還沒全空。

我們的海洋，我們的星球，面臨著如此繁多的挑戰，難怪我們會覺得壓力大到難以承受。光是在這本書裡，我們便探討了本人短暫的人生中，在家鄉海岸觀察到的變化，從三趾鷗繁殖對的減損，到被棄置漁具纏住的塘鵝和海豹。我們看到捕鯨業在海洋留下的歷史傷痕，以及人類噪音如何擾亂鯨魚的歌聲，而造成目前的傷害。我們看到全球海洋化學性質變得越來越酸，以及混獲的問題如何溺斃鯨豚、海豹和海鳥。我的故事裡，很容易看到與海洋緊密相連的人生，但其實我們所有人的故事都與海洋脫不了關係。我們呼吸的空氣有一部分來自表層水域的浮游動物，牠們能固碳並為我們提供氧氣。海洋不斷努力進行碳循環，使大氣能維持我們的生命。海洋連接了地球上所有陸地，為那些令我們敬畏和愉悅的生物提供家園。

海洋所受的威脅規模很大，但我們不能迴避。瞭解我們在破壞中所扮演的角色，等於是瞭解了自己的選擇，知道我們具有破壞力，但也具有改善的力量。「深海女王」席薇亞・厄爾博士本人，最近在倫敦自然歷史博物館發表了一次演說，其中最令我深有同感的是她對希望的信念。博士見過的海域比我們大多數人都多，從水面探險到深海航行，涵蓋極廣。她一生中看盡了海洋健康的衰落，然而在面對這種變化時，她說，人類是有選擇的。我們可以選擇陷入絕望，覺得事態已無可挽回，人類注定要滅亡，地球沒有人類能繼續存活，地球上仍會有海洋，無論我們使海洋變得多麼難以居住。如果我們認定這個問題過於龐大，我們便是選擇了絕望。我們也可以選擇希望，但必須是一種積極的希望。最糟糕的選擇就是希望能有改變，卻只想把改變留給別人去做，而非設法參與。那種選擇存在於每一天，一念希望，一念絕望。

在我們每個人眼裡，這種選擇、行動，看起來都不一樣。厄爾博士認為，我們所有人都必須作出回應，盡己所能地為海洋而戰。我們應想想自己，找出自己最能有所貢獻的領域。海洋需要藝術家，如同需要科學家一樣。海洋需要律師和政治家，如同需要水手一樣。海洋需要設計師和電影製作人，需要母親和孩子，需要店老闆和執行長，需要能為環境發聲，且說到做到的政府立法人員，海洋需要我們所有人。

厄爾博士借由創建「希望據點」（Hope Spot），將她的希望化成實際行動。厄爾博士透過她的「藍色使命」組織（Mission Blue），努力找出攸關整體地球健康的海洋區域，這些區域可能是特定物種的重要繁殖地、覓食處、遷徙通道，或連接區，洋流匯聚於此，透過海洋運輸營養物質，也可能是珊瑚礁，是豐饒的生命弧線。這些區域也許包含特有物種，或擁有豐富的生命多樣性。「希望據點」一旦選定，「藍色使命」便會提供科學建議和法律宣導，來保護和維護它們，然後交由當地組織進行管理。

全球各地的漁民都在做出減少或消除混獲的選擇。2002年，為了因應信天翁遭受破壞的問題，成立了南方海鳥解決方案信託（Southern Seabird Solutions Trust）。該信託為政府、非政府組織、海鳥科學家、漁民和漁業機構提供了席次，其運作原理是讓漁民與其他漁民交談，使他們能在平等的基礎上討論，不會覺得紆尊降貴或受到指責。藉由與船長的交流和研討會，他們發展出具建設性的捕撈方式，降低信天翁的混獲。方法有很多種，包括減少釣線一開始設置的餌量，減低對鳥類的吸引力。他們還在釣索上增加重量，使釣線在水中沉得更深，超出信天翁能夠到達的範圍。他們在夜間設置，信天翁才不會看得太清楚，而且他們還使用物理屏障：阻止鳥類接近魚鉤的繩索。許多漁民願意改變做法，改變他們所使用的漁網和陷阱類型，將混獲減至最少。

就我個人而言，我必須根據自己的生活走向和身體需求，來調整我的選擇和行動。我不再走學術路線了，但我會分享我的海洋知識。目前我無法如願地時常出航，但只要狀況允許，我便會參與研究項目，監測鯨豚世界，希望藉由發現海洋哺乳動物如何利用牠們的棲息地，制定出有效的保育策略。我希望將來能用跟謝恩．葛洛博士類似的方式工作，在一個地區與一群鯨魚相處更久的時間，個別地瞭解牠們，記錄並傳達牠們在生物學和生態學上，所有面向的科學知識。

而我個人的貢獻就在這裡，在這些文字裡了。我撰寫本書的目的，是為了讓讀者掌握一片海洋，無論你離海水有多麼遙遠。海洋屬於大家，需要我們所有人去愛護。就像柯勒律治詩中那位目光炯然的水手一樣，我希望自己已傳達出警告——人類正在面臨危險的毀滅。但除了引起恐懼之外，我也希望本書能激勵大家，重新認識海洋蘊含的奇蹟，人類仍然可以改變航向，朝更光明美好的未來駛去。

太陽沉得更低了，整個世界陷入初冬的幽暗裡，我知道自己不久便得離開彭達阿德林，走回安全的小屋和家人身邊了。我還不確定自己的下一段故事會是什麼。我會回歸航行，但我打算慢慢來。過去我寄望海洋能提供療癒之路，但現在我知道了，療癒不是透過雄心勃勃的壯遊或大動作去實現，而是透過細微的日常小事來達成。藉著慢工細活地為自己準備營養的餐飯，透過夜夜好眠、感激的心，和認識周圍的美好。我從漫步森林、河岸、海邊的時光找到療癒。在與他人連結、在冥想時感到被療癒。療癒藏在我家貓咪蜷賴在我背上，發出呼嚕呼嚕的聲音裡。療癒從我第一個家旁邊的忍冬花上滴落。療癒來自我對自己的信任，以及來自每天日出時，從我窗口射進來、照亮黑暗時刻的光。

我希望拉蕊號以後能成為一個回饋海洋、分享海洋的平台，並從她身上找到一種研究方式，來支持我、支援大海。我正利用這段療養期間構思各種計畫、醞釀點子，我知道這些計畫可能會偏離軌道，我的生命之流也許會轉彎，將我帶往不同的方向。無論我接下來會去哪裡，我都會溫柔地前進，行如流水。

幫助海洋

個人的行動至關重要。

或許可以先著手重新評估我們與海洋生物的關係，將牠們視為野生動物，而不是取之不絕、滿足我們消費需求的豐富資源。地球上有些人，完全依賴漁獲來攝取蛋白質，但許多人是可以有其他選擇的。我從小在彭布羅克郡海岸捕魚長大，在我人生中的某些時刻，我跟食物的關係變得頗為難搞。我瞭解到從飲食中剔除某些食物得很小心，以免引起營養不良的惡性循環，且針對食物制定規則，是件困難危險的事。然而即使只是減少對海鮮的消費，也能帶來影響。需求減少了，拖網漁船便會減少，捕捉海豚、鼠海豚、海豹和海鳥的漁網也會變少。而吃魚的人，可以積極地選擇瞭解自己購買什麼魚、來自哪裡，以及如何捕獲。你可以利用自己的購買力，去獎勵更永續性的捕撈法。如果我們停止食用養殖魚類，便能減少從海中捕撈大量沙鰻的需求，不必偷走三趾鷗的食物了。

有人可能認為，這樣做會破壞漁民的文化傳統。然而，我所說的捕撈並非小規模的手工產業，而是大規模的工業捕撈。我們現在從海洋中大撈特撈的作法，並無所謂的文化傳承可言。更有甚者，我們可以回顧紐芬蘭大淺灘的鱈魚漁業，由於管理不當，造成了加拿大史上最大規模的裁員潮，三萬個工作憑空消失；或彭布羅克郡的漁業艦隊，這些艦隊已經倒閉了，只留下小規模的漁業。非永續性的捕撈方式，會破壞自己的未來，只為今天提供工作，卻未能考慮到明天。

減少塑膠製品消耗和參與淨灘工作，是產生影響的簡單方式，因為這能減少進入海洋的垃圾量。我們消耗的魚量越少，對捕撈工具的需求就越少，被丟棄的漁具也相對減少，減低纏溺鯨豚類及海鳥的可能。但那些已經漂在海洋中的幽靈漁具怎麼辦？有許多慈善機構在全球各地清除這些漁具，其中之一就是註冊有案的慈善機構「英國幽靈捕撈」（Ghost Fishing UK）。他們有一支潛水志工團隊，致力於清理遺失和丟棄的漁具。這是一項非常危險的工作，因為漁網可能極大，潛水夫可能會像鯨豚和其他生物一樣，被網子困住而溺死，因此他們需要受高度訓練，並在展開清理前做詳細調查。你可以到他們的網站上舉報棄網，並捐款支持他們的工作。

以下這些人士的行動，對我最具啟發：

席薇亞・厄爾博士：她的「希望據點」專案，旨在識別並保護具有海洋多樣性的海域。任何人都可以提名「希望據點」，也可捐款支持他們。所有收到的捐款都將分配給所有的「希望據點」。

蘿拉・費爾博士與謝恩・葛洛博士利用科學來瞭解海洋，提高我們對海洋的認識，為政策提供訊息，甚至可能與鯨魚進行交流。

瑞秋・卡森女士的文采激勵許多人正視海洋，她的重要作品《寂靜的春天》是一部強而有力的文學作品，點燃了整個環保運動以及對DDT的禁用。

賈斯汀・威爾福德（Justine Willeford）女士與我一同熱愛大海，儘管我們之間相隔了一整片大洋。她創辦了「鵜鶘之家」（Pelican House），對海洋卓有貢獻。她設計並生產符合道德的泳裝，由女性設計，為女性服務。她的公司提供服裝，讓我們可以同時親海玩耍，並回饋社會。每一筆消費額，部分將捐贈給她的保育夥伴「島嶼保育」（Island Conservation），該組織致力於移除海島上的入侵物種，防止滅絕。

亞莉安娜・里康堤（Arianna Liconti）是位熱情洋溢的海洋生態學家，她在攻讀學士和碩士學位時，曾擔任各種海洋非政府組織的志工。最近她在忙完一天海上的工作，穿越利古里亞（Liguria）山區回家時，我跟她談了話。她雖然也發表學術論述，卻覺得自己真正的強項是與人合作。她跟我一樣，認為大自然、海洋，並不是孤立存在的，大自然的健康與人類的健康息息相關。她現在是OutBe公司的科學主管和生態系統經理。OutBe是家新創公司，透過商業方式做出貢獻。他們為人類和地球工作，將研究人員與戶外愛好者聯繫起來。他們鼓勵大家走到戶外，為自身的健康去接觸大地和海洋，並利用這段時間收集資料，傳回給研究人員。例如，他們與「海洋競賽」〔The Ocean Race，前身是惠特貝瑞環球帆船賽（Whitbread Round the World Race）〕合作，在參賽船隻上安裝感應器，記錄海洋表面溫度和鹽度的數據，然後將這些資訊回傳給科學家，如此一來，科學家便不必親自去做田野調查了。如果某科學家正在研究海帶生長，但無法每天到現場，OutBe可以將他們與研究區域內，帶領浮潛之旅的戶外活動中心做聯繫，請浮潛者參與科學研究，為他們收集資料。

艾梅莉・埃哈德（Emilie Ehrhardt）剛從野生動物紀錄片科系畢業，她發揮自己的才華講述地球的故事。並非所有海洋的解決方案都始於海洋：我們在陸地上的作為也同樣重要，因為最終都會回歸到全球的氣候裡。埃哈德在她的處女短片《城市伊甸園》（*Urban Eden*）中，展示大自然如何在城市環境中茁壯。她以影片展示自己幼時的家園，哥本哈根市的哥本山（CopenHill），這座人造山有條綠野坡道，內部是一座發電廠。發電廠接收城市的廢棄物，將其燃燒後產生能源。而燃燒過程中所產生的蒸汽經過精密的過濾後，極為純淨，排放於山丘時，竟比城市裡的空氣更乾淨。他們正在開發一種碳捕集系統，該系統能把過程中產生的碳和周圍地區的碳儲存起來。這座人造山本身就是一個希望據點，山丘上的覆土，百分之九十五是建築垃圾，建造之初，以附近野外地區的生態構成為範本，種植了60種丹麥本土植物。然而在短短一年內，大自然便反客為主，將物種數量翻了一倍。埃哈德的影片表明了，當我們把大自然納入設計時，大自然會茁壯成長。哥本山是城市風貌中的一片野生綠洲，是一片步行和輪椅都能接近的大自然。埃哈德的影片刺激我們去思考，我們能從自家花園和社區，找出什麼以大自然為基礎的解決方案，無論我們住在哪裡。

最後還有我的母親，賈姬．莫里斯（Jackie Morris），她在整個職涯中，以自己的繪畫歌頌自然。她為綠色和平組織（Greenpeace）創製作品，而且在我背部受傷時，除了開車接動完手術的我回家，照顧臥床不起的我，同時還幫羅伯特．麥克法倫（Robert Macfarlane）的《失落的詞彙》（*The Lost Words*）繪製插圖。她形容這本書是一部美麗的抗議作品，抗議《牛津小學生詞典》（*Oxford Junior Dictionary*）刪除了一些自然的詞彙。她的貢獻極大，催化了眾籌運動，為英國每一所小學購買一本這部美麗的作品，讓孩子們與大自然有所聯繫。這本書不僅啟發兒童，還啟發了一次逍遙音樂會（BBC Proms）的演出、Spell Songs合唱團的兩張民謠專輯，以及無數的人士。

這是我多年來，建立的一個以女性為主的網路，她們的貢獻啟發了許多正向的變革。如果這份簡短的名單能說明一些什麼，那就是為海洋付出的方式不拘一格，每個人的努力都很重要，都是希望的象徵。匯集所有個人的努力，我們可以創造不同，並產生正面的改變。

參考書目

第一章　火烏鴉

Berta, A., 2015, *Whales, Dolphins and Porpoise: A Natural History and Species Guide*, Sussex, UK, Ivy Press

Boness, D. J., James, H., 1979, 'Reproductive behaviour of the grey seal (*Halichoerus grypus*) on Sable Island, Nova Scotia', *Journal of Zoology*, 188:477–500

Frederiksen, M., Wanless, S., Harris, M. P., Rothery, P., Wilson, L. J., 2004, 'The role of industrial fisheries and oceanographic change in the decline of North Sea blacklegged kittiwakes', *Journal of Applied Ecology*, 41:1129–39

Griffith, S., 1990, *A History of Quakers in Pembrokeshire*, Dyfed, UK, Gomer Press

Heubeck, M. A., Mellor, R. M., Harvey, P. V., Mainwood, A. R., Riddington, R.,1999, 'Estimating the population size and rate of decline of kittiwakes, Rissa tridactyla, breeding in Shetland', *Bird Study*, 46:48–61

Howell, D. W., 2019, *An Historical Atlas of Pembrokeshire: Volume 5*, Haverfordwest, UK, Pembrokeshire County History Trust

Johnstone, I., Mucklow, C., Cross, T., Lock, L., Carter, I., 2011, 'The return of the Red-billed Chough to Cornwall: the first ten years and prospects for the future', *British Birds*, 104:416

RSPB, 'Cornish Choughs', https://www.rspb.org.uk/birds-and-wildlife/wild-life-guides/bird-a-z/chough/cornish-choughs/, accessed 27/05/21

Rus Hoelzel, A., 2002, *Marine Mammal Biology: An Evolutionary Approach*, Oxford, UK, Blackwell Publishing

Sandvik, H., Reiertsen, T. K., Erikstad, K. E., Anker- Nilssen, T., Barrett, R. T., Lorentsen, S., H., Systad, G., H., Myksvoll, M. S., 2014, 'The decline of Norwegian kittiwake populations: modelling the role of ocean warming', *Climate Research*, 60:91-102

Whale and Dolphin Conservation, 'By-catch', https://uk.whales.org/our–4-goals/prevent-deaths-in-nets/goodbye-by-catchwhat-you-need-to-know/, accessed 30/5/21

註釋與其他資源

更多拉姆齊島及其山鴉的資訊，參見：https://www.rspb.org.uk/reserves-and-events/reserves-a-z/ramsey-island/

第二章　抹香鯨

Berta, A., 2015, *Whales, Dolphins and Porpoise: A Natural History and Species Guide*, Sussex, UK, Ivy Press

Carson, R., 1950, *The Sea Around Us*, USA, Oxford University Press, 2018

Carson, R., 1962, *Silent Spring*, Boston, Houghton Mifflin, 2002

Carson, R., 1941, *Under the Sea Wind*, London, Penguin Classics, 2007

Davies, R. W., Rangeley, R., 2010, 'Banking on cod: exploring economic incentives for recovering Grand Banks and North Sea cod fisheries', *Marine Policy*, 34:92–8

Dwyer, A., 2012, 'Atlantic borderland: natives, fishers, planters and merchants in Notre Dame Bay, 1713–1802', doctoral dissertation, Memorial University of Newfoundland

Estes, J. A., Demaster, D. P., Doak, D. F., Williams, T. M., Brownell, R. L., 2006, *Whales, Whaling, and Ocean Ecosystems*, California, University of California Press

Feyrer, L. J., 2021, 'Northern bottlenose whales in Canada: the story of exploitation, conservation and recovery', doctoral thesis, Dalhousie University

Feyrer, L. J., Zhao, S. T., Whitehead, H., Matthews, C. J., 2020, 'Prolonged maternal investment in northern bottlenose whales alters our understanding of beaked whale reproductive life history', *PLOS One*, 15:e0235114

Hersh, T. A., 2021, 'Dialects over space and time: cultural identity and evolution in sperm whale codas', doctoral thesis, Dalhousie University

Hooker, S. K., Fahlman, A., Moore, M. J., Aguilar De Soto, N., Bernaldo de Quirós, Y., Brubakk, A. O., Costa, D. P., Costidis, A. M., Dennison, S., Falke, K. J., Fernandez, A., 2012, 'Deadly diving? Physiological and behavioural management of decompression stress in diving mammals', *Proceedings of the Royal Society Biological Sciences*, 279:1041–50

Rus Hoelzel, A., 2002., *Marine Mammal Biology: An Evolutionary Approach*, Oxford, UK, Blackwell Publishing

Panneton, W. M., 2013, 'The mammalian diving response: an enigmatic reflex to preserve life?', *Physiology*, 28:284–97

Myers, R. A., Hutchings, J. A., Barrowman, N. J., 1997, 'Why do fish stocks collapse? The example of cod in Atlantic Canada', *Ecological Applications*, 7:91–106

Nakashima, B. S., Wheeler, J. P., 2002, 'Capelin (Mallotus villosus) spawning behaviour in Newfoundland waters – the interaction between beach and demersal spawning, *ICES Journal of Marine Science*, 59:909–16

Pinet, P. R., 2013, *Invitation to Oceanography*, sixth edition, Burlington, Massachusetts, Jones and Barrett Learning

Smith, G., 1983, 'The International Whaling Commission: an analysis of the past and reflections on the future', *Natural Resources Law*, 16:543

Watwood, S. L., Miller, P. J., Johnson, M., Madsen, P. T., Tyack, P. L., 2006, 'Deep diving foraging behaviour of sperm whales (*Physeter macrocephalus*)', *Journal of Animal Ecology*, 75:814–25

其他資源

Project Ceti, https://www.projectceti.org/

Mission Blue, documentary directed by Robert Nixon and Fisher Stevens

Mission Blue: The Sylvia Earle Alliance, https://missionblue.org/

第三章　人類

Berta, A., 2015, *Whales, Dolphins and Porpoise: A Natural History and Species Guide*, Sussex, UK, Ivy Press

Rus Hoelzel, A., 2002, *Marine Mammal Biology: An Evolutionary Approach*, Oxford, UK, Blackwell Publishing

Sini, M. I., Canning, S. J., Stockin, K. A., Pierce, G. J., 2005, 'Bottlenose dolphins around Aberdeen Harbour, northeast Scotland: a short study of habitat utilization and the potential effects of boat traffic', *Journal of the Marine Biological Association of the United Kingdom*, 85:1547–54

Stockin, K. A., Weir, C. R., Pierce, G. J., 2006, 'Examining the importance of Aberdeenshire (UK) coastal waters for North Sea bottlenose dolphins (*Tursiops truncatus*)', Journal of the Marine Biological Association of the United Kingdom, 86:201–7

第四章　漂泊信天翁

ACAP, 2012, 'Wandering albatross', http://acap.aq/en/acapspecies/304-wandering-albatross/file, accessed 10/01/22

Berrow, S. D., Huin, N., Humpidge. R., Murray, A. W., Prince, P. A., 1999, 'Wing and primary growth of the Wandering Albatross', *The Condor*, 101:360–8

Cherel, Y., Xavier, J. C., de Grissac, S., Trouvé, C., Weimerskirch, H., 2017, 'Feeding ecology, isotopic niche, and ingestion of fishery- related items of the wandering albatross, *Diomedea exulans*, at Kerguelen and Crozet Islands', *Marine Ecology Progress Series*, 565:197–215

Coleridge, S. T., 1798, *The Rime of the Ancient Mariner*, New York, USA, Dover Publications, 1992

Croxall, J. P., Rothery, P., Pickering, S. P., Prince, P. A., 1990, 'Reproductive performance, recruitment and survival of wandering albatrosses, *Diomedea exulans*, at Bird Island, South Georgia', *Journal of Animal Ecology*, 775–96

Croxall J. P., Prince P. A., 1990, 'Recoveries of wandering albatrosses, *Diomedea exulans*, ringed at South Georgia 1958–1986', *Ringing & Migration*, 11:43–51

De Roi, T., Fitter J., Jones, M., 2008, *Albatross: Their World, Their Ways*, Cardiff, UK, Firefly Press.

Frankish, C., 2021, 'Movement ecology and fisheries by-catch risk of albatross and large petrel species from Bird Island, South Georgia', doctoral dissertation, University of Cambridge

Froy, H., Lewis, S., Catry, P., Bishop, C. M., Forster, I. P., Fukuda, A., Higuchi, H., Phalan, B., Xavier, J.C., Nussey, D. H., Phillips, R. A., 2015, 'Age-related variation in foraging behaviour in the wandering albatross at South Georgia: no evidence for senescence', *PLOS One*, 10.1:e0116415

Jones, M. G., Dilley, B. J., Hagens, Q. A., Louw, H., Mertz, E. M., Visser, P., Ryan, P. G., 2017, 'Wandering albatross *Diomedea exulans* breeding phenology at Marion Island', *Polar Biology*, 40:1139–48

Pickering, S. P., Berrow, S. D., 2001, 'Courtship behaviour of the wandering albatross, *Diomedea exulans*, at Bird Island, South Georgia', *Marine Ornithology*, 29:29–37

Jones, M. G., Dilley, B. J., Hagens, Q. A., Louw, H., Mertz, E.M., Visser, P., Ryan, P. G., 2014, 'The effect of parental age, experience and historical reproductive success on wandering albatross (*Diomedea exulans*) chick growth and survival, *Polar Biology*, 37:1633–44

Nevitt, G. A., Losekoot, M., Weimerskirch, H., 2008, 'Evidence for olfactory search in wandering albatross, *Diomedea exulans*', *Proceedings of the National Academy of Sciences*, 105(12):4576–81

Pickering, S. P., Berrow, S. D., 2001, 'Courtship behaviour of the wandering albatross, *Diomedea exulans*, at Bird Island, South Georgia', *Marine Ornithology*, 29:29–37

Prince, P. A., Wood, A. G., Barton, T., Croxall, J. P., 1992, 'Satellite tracking of wandering albatrosses (*Diomedea exulans*) in the South Atlantic', *Antarctic Science*, 4:31–6

Prince, P. A., Weimerskirch, H., Huin, N., Rodwell, S., 1997, 'Molt, maturation of plumage and ageing in the Wandering Albatross', *The Condor*, 99:58–72

Rackete, C., Poncet, S., Good, S. D., Phillips, R. A., Passfield, K., Trathan, P., 2021, 'Variation among colonies in breeding success and population trajectories of wandering albatrosses, *Diomedea exulans*, at South Georgia', *Polar Biology*, 44:221–7

Richardson, P. L, Wakefield, E. D., Phillips, R. A., 2018, 'Flight speed and performance of the wandering albatross with respect to wind', Movement Ecology, 6:1–5

Stone, D. W., Gunn, C., Nord, A., Phillips, R. A., McCafferty, D. J., 2021, 'Plumage development and environmental factors influence surface temperature gradients and heat loss in wandering albatross chicks', *Journal of Thermal Biology*, 97:102777

Thomson, C., 2019, *Sea People: In Search of the Ancient Navigators of the Pacific*, London, UK, William Collins

Weimerskirch, H., Barbraud, C., Lys, P., 2000, 'Sex differences in parental investment and chick growth in wandering albatrosses: fitness consequences', *Ecology*, 81:309–18

Weimerskirch, H., Åkesson, S., Pinaud, D., 2006, 'Postnatal dispersal of wandering albatrosses *Diomedea exulans*: implications for the conservation of the species', *Journal of Avian Biology*, 23–8

Weimerskirch, H., Cherel, Y., Delord, K., Jaeger, A., Patrick, S. C., Riotte-Lambert, L., 2014, 'Lifetime foraging patterns of the wandering albatross: life on the move!' *Journal of Experimental Marine Biology and Ecology*, 450:68–78

第五章 座頭鯨

Baker, C. S., Flórez González, L., Abernethy, B., Rosenbaum, H. C., Slade, R. W., Capella, J., Bannister, J. L., 1998, 'Mitochondrial DNA variation and maternal gene flow among humpback whales of the Southern Hemisphere', *Marine Mammal Science*, 14:721–37

Berta, A., 2015, Whales, *Dolphins and Porpoise: A Natural History and Species Guide*, Sussex, UK, Ivy Press

Brewer, P. G., Hester, K., 2009, 'Ocean acidification and the increasing transparency of the ocean to low-frequency sound', *Oceanography*, 22:86–93

Carson, R., 1950, *The Sea Around Us*, USA, Oxford University Press, 2018

Clapham, P. J., 1996, 'The social and reproductive biology of humpback whales: an ecological perspective', *Mammal Review*, 26:27–49

Falkowski, P., Scholes, R. J., Boyle, E. E., Canadell, J., Canfield, D., Elser, J., Gruber, N., Hibbard, K., Högberg, P., Linder, S., Mackenzie, F. T., 2000, 'The global carbon cycle: a test of our knowledge of earth as a system', *Science*, 290:291–6

Forward, R. B., 1988, 'Diel vertical migration: zooplankton photobiology and behaviour', *Oceanography: Marine Biology Annual Review*, 26:1–393

Fournet, M. E., Matthews, L. P., Gabriele, C. M., Haver, S., Mellinger, D. K., Klinck, H., 2018, 'Humpback whales *Megaptera novaeangliae* alter calling behavior in response to natural sounds and vessel noise', *Marine Ecology Progress Series*, 607:251–68

Gazio lu C, Müftüo lu AE, A. E., Demir, V., Aksu, A., Okutan, V., 2015, 'Connection between ocean acidification and sound propagation', *International Journal of Environment and Geoinformatics*, 2:16–26

Heenehan, H., Stanistreet, J. E., Corkeron, P. J., Bouveret, L., Chalifour, J., Davis, G. E., Henriquez, A., Kiszka, J. J., Kline, L., Reed, C., Shamir-Reynoso, O., 2019, 'Caribbean Sea soundscapes: monitoring humpback whales, biological sounds, geological events, and anthropogenic impacts of vessel noise', *Frontiers in Marine Science*, 347

Helweg, D., Jenkins, P., Cat, D., McCauley, R., Garrigue, C., 1998, 'Geographic variation in South Pacific humpback whale songs', *Behaviour*, 135:1–27

Ilyina, T., Zeebe, R., Brewer, P., 2009, 'Changes in underwater sound propagation caused by ocean acidification', IOP Conference Series, *Earth and Environmental Science*, Vol. 6, No. 46, IOP Publishing

Medwin, H., Clay, C. S., Stanton, T. K., 1999, 'Fundamentals of acoustical oceanography', *Journal of the Acoustical Society of America*, 105, 2065–6

Munk, W., Wunsch, C., 1979, 'Ocean acoustic tomography: a scheme for large- scale monitoring', *Deep Sea Research*, Part A, Oceanographic Research Papers, 26:123–61

CDC, 2019, 'Noise and hearing loss prevention', https://www.cdc.gov/nceh/hearing_loss/what_noises_cause_hearing_loss.html. accessed 1/3/22

Parsons, E. C., Wright, A. J., Gore, M. A., 2008, 'The nature of humpback whale (Megaptera novaeangliae) song', Journal of Marine Animals and Their Ecology, 1:22–31

Rossi, T., Connell, S. D., Nagelkerken, I., 2016, 'Silent oceans: ocean acidification impoverishes natural soundscapes by altering sound production of the world's noisiest marine invertebrate', *Proceedings of the Royal Society of Biological Sciences*, 283:2015.3046

Rus Hoelzel, A., 2002, Marine Mammal Biology: An Evolutionary Approach, Oxford, UK, Blackwell Publishing

Stevens, A., 2014, 'A photo-ID study of the Risso's dolphin (*Grampus griseus*) in Welsh coastal waters and the use of Maxent modelling to examine the environmental determinants of spatial and temporal distribution in the Irish Sea', MSc thesis, Bangor University

Strutt, J. W., Baron Rayleigh, 1896, *The Theory of Sound*, London, UK, Macmillan

Thomas, P. O., Reeves, R. R., Brownell Jr, R. L., 2016, 'Status of the world's baleen whales', *Marine Mammal Science*, 32:682–734

其他資源

Songs of the Humpback Whale, a music album of whale song, released by Roger Payne, 1970

更多「鯨魚之歌」、海洋保護研究中心及其計畫的資訊，參見：http://www.marineconservationresearch.co.uk

The Dominica Sperm Whale Project, http://www.thespermwhaleproject.org/

第六章　鸌鳥

Foster, J. J., Smolka, J., Nilsson, D. E., Dacke, M., 2018, 'How animals follow the stars', *Proceedings of the Royal Society Biological Sciences*, 285, 1871:2017.2322

Grant, R. G., 2018, *Sentinels of the Sea: A Miscellany of Lighthouses Past*, London, UK, Thames and Hudson

Matthews, G. V., 1964, 'Individual experience as a factor in the navigation of Manx shearwaters', *The Auk*, 81:132–46

Popova, M., 2019, *Figuring*, New York, USA, Pantheon Books

Sauer, E. F., 1958, 'Celestial navigation by birds', *Scientific American*, 199:42–7

Thomson, C., 2019, *Sea People: In Search of the Ancient Navigators of the Pacific*, London, UK, William Collins

第七章　藤壺

Barnes, H., Barnes, M., 1960, 'Recent spread and present distribution of the barnacle *Elminius modestus* Darwin in north-west Europe', *Proceedings of the Zoological Society of London*, Vol. 135, No. 1, 137–45

Den Hartog, C., 1953, 'Immigration, dissemination and ecology of *Elminius modestus* Darwin in the North Sea, especially along the Dutch coast', *Beaufortia*, 1:4

De Roi, T., Fitter J., Jones, M., 2008, *Albatross: Their World, Their Ways*, Cardiff, UK, Firefly Press

Foster, B. A., 1971, 'Desiccation as a factor in the intertidal zonation of barnacles', *Marine Biology*, 8:1

幫助海洋

其他資源

Mission Blue: The Sylvia Earle Alliance, https://missionblue.org/

Laura Feyrer, https://feyrer.weebly.com/

Shane Gero, http://www.shanegero.com/

Pelican House, https://www.pelicanhousesc.com/

Arianna Liconti and OutBe, @ari_liconti https://www.outbe.earth/

Emilie Ehrhardt and Urban Eden, @wild.and.about @urban_eden_film

Jackie Morris, https://www.jackiemorris.co.uk/

謝辭

首先由衷地感謝Jessica Woollard。謝謝妳把這個故事看成我田野日誌的筆記和繪圖，並鼓勵我據此發展成今天的這本書。沒有妳，《行如海潮》永遠無法面世。謝謝妳從我第一次踏進妳的辦公室時，便信任、鼓勵我，當時我剛從海上歸來，頭還在發暈。謝謝Nicola Davies的鼓勵不輟，你總是支持我的想法，讓那些看似遙不可及的目標變得近在咫尺。感謝Laura Barber在編輯本書時展現的洞察力，遠遠超乎了我的期望，謝謝妳敢於冒險，讓我藉著這些書頁帶妳到海上。這個故事交到最可信的人手中，使我能盡情探索，那是我原先想像不到的。

感謝Ffion Rees給了我第一份船上的工作，並一直賜予鼓勵。謝謝Gabriel Clarke給予我穿越北海的機會，並在我購買英勇號時挺身幫忙，我永遠不會忘記你對我說，我知道的比我想像的還多。雖然我們道路不同，但我們都按自己的心願靠海為生。致我的老水手，雖然你永遠不會讀到這本書，但你對我的人生影響深遠，每次在北海航行時，我都會想到你，能分享你的最後一趟航行，我深感榮耀。感謝Dominic和Barbara Bridgman初期的教誨，願我有朝一日能加入你們的船隊。感謝我在露脊鯨號上的船組、Hal Whitehead教授、Laura Feyrer博士、Mauricio Cantor博士和Verity Thomson。感謝與鯨魚度過的美好時光。這次旅行是我人生的關鍵點，也是許多事物的催化劑，我很幸運能在露脊鯨號上航行。感謝「鯨魚之歌」、海洋保護研究中心、Richard McLanaghan、Anna Moscrop、Oliver Boisseau、Niall MacAllister和Judith Matz。希望我對得起「鯨魚之歌」的名號，向你們近50年來，為海洋的開創性貢獻致敬，能夠成為這則傳奇的一小部分，何其尊榮。謝謝在讀大學期間指導我的Clare Embling博士。謝謝Shane Gero博士總是慷慨賜教，謝謝你無限的創意、開放的思維，和鼓勵我寫出自己的田野日誌。謝謝Taylor Hersh博士寫出絕佳的論文，和陪我暢談抹香鯨。

感謝Justine Willeford、Arianna Liconti、Emilie Ehrhardt以及Alys Perry。我將永遠受到妳們幾位傑出女性的啟發，各位以自己的才華為海洋做出貢獻，令我崇敬不已。謝謝Emilie、Alys和Alicia Leaman的關懷。寫這本書使我深入一些境地，雖然這些地方值得探索，卻也充滿了挑戰，感謝妳們邀約吃飯、喝酒、發簡訊鼓勵、寄愛心包裹。儘管我們相隔甚遠，卻覺得妳們就在近處。感謝Dawn Brown和Isobel Pullin，希望這本書令你們驕傲。

致我的家人。謝謝我母親Jackie Morris；我想這些書頁已經解釋得很清楚了。謝謝我父親Tim Stowe把家搬到拉姆齊：若不是你做了那樣的選擇，恐怕我永遠不會在彭布羅克郡長大。感謝你送給我書和詩，我會永遠珍惜這些文字。致我的祖母；我每天都戴著妳的小鎖鏈。

謝謝Sue和Singer一家把拉蕊號維護得這麼好，並使我們成為她的下一段歷史。

最後，我要謝謝Henry Carey-Morgan。我相信這跟喜鵲有關，感謝你讓我成為你故事裡的一環，就像你是我故事裡的一部分。謝謝你在這本書尚未成形時，便給予我信心，並在整個過程中不斷支持我。每一天都是一場冒險。

US 008

行如海潮：海洋與我們的故事

Move Like Water: A Story of the Sea and Its Creatures

作　　者　漢娜．史托（Hannah Stowe）
譯　　者　柯清心
責任編輯　李冀、廖雅雯
封面設計　蔡豫寧
內頁插畫　漢娜．史托

總 經 理　伍文翠
出版發行　知田出版 / 福智文化股份有限公司
　　　　　地址 / 105407 台北市八德路三段 212 號 9 樓
　　　　　電話 / (02) 2577-0637
　　　　　客服信箱 / serve@bwpublish.com
　　　　　心閱網 / https://www.bwpublish.com
法律顧問　王子文律師
排　　版　陳瑜安
印　　刷　富喬文化事業有限公司
總 經 銷　時報文化出版企業股份有限公司
　　　　　地址 / 333019 桃園市龜山區萬壽路二段 351 號
　　　　　服務電話 / (02) 2306-6600 #2111
出版日期　2024 年 6 月　初版一刷
定　　價　新台幣 420 元

ISBN　978-626-98251-6-5

行如海潮：海洋與我們的故事 / 漢娜．史托（Hannah Stowe）著；柯清心譯 . -- 初版 . -- 臺北市：知田出版，福智文化股份有限公司，2024.6
　面；　公分 . --（US；8）
譯自：Move Like Water：A Story of the Sea and Its Creatures

ISBN 978-626-98251-6-5（平裝）

1. CST: 史托（Stowe, Hannah）　2. CST: 航海
3. CST: 回憶錄

784.18　　　　　　　　113005942